RENOVANDO TU

MENTE

DIOS PUEDE TRANSFORMAR TU MANERA DE PENSAR

CARLOS ARENAS

Editorial: edición del autor
Autopublicado e impreso por:

autoreseditores.com

Primera edición 2.024
Originalmente publicado en español
Bogotá - Colombia

ISBN: 978-958-49-9776-0
ISBN: 978-958-48-6112-2

Solicita tu ejemplar Ingresando a:
www.autoreseditores.com/carlos.alberto2
Escríbenos a:
E-Mail: libroscristocentricos@gmail.com
Colombia

CONTENIDO

INTRODUCCIÓN

Antes de creer en mi corazón y confesar con mi boca que Jesús es mi Señor y Salvador, estaba, como todos los que aún no lo han hecho, sin Dios, completamente alejado de su buena y perfecta voluntad. Desobedecía a Él y a su Palabra, andaba en este mundo como quería, pero sin ninguna esperanza, siguiendo completamente la corriente de este mundo. Como dicen las sagradas Escrituras, "era por naturaleza hijo de ira" e "hijo del diablo", en medio de un mundo lleno de engaños y tinieblas. Pero por la gracia y el amor infinito de Dios, permití ser hallado, renacido y aceptado como su hijo, pasando ahora a ser miembro del Cuerpo de Cristo, de las tinieblas a su luz admirable. Como miembro de su Cuerpo, encuentro está orden que involucra a todos y cada uno de los que nos hemos acercado a Él:

> *"En cuanto a la pasada manera de vivir, despojaos del **viejo hombre**, que está viciado conforme a los deseos engañosos, y **renovaos** en el espíritu de vuestra mente, y vestíos del **nuevo hombre**, creado según Dios en la justicia y santidad de la verdad." Efesios 4:22-24*

Después de conocer un poco sobre quién es Jesús y que hizo por la humanidad, el costo que tuvo que pagar, es necesario ver más allá de lo que el mundo nos ha querido y nos ha venido enseñando a través de siglos y siglos de tradiciones, conceptos y equivocaciones sobre la persona de Jesús y su extraordinaria, maravillosa y bellísima obra, que se enmarca en la poderosa palabra de Dios. Para los hombres que lo buscan y quieren tener su mente cada vez como la de Jesús, está es la única forma de renovarla y limpiarla: involucrándose con ella. En el pasaje bíblico anterior, el imperativo es el mandato que Dios hace a todos los nacidos de nuevo en Cristo. No es una sugerencia ni una opinión; es una orden que Dios quiere que sigamos. Él en verdad anhela y ordena renovar nuestra forma de pensar, ver la vida y enfrentarnos a ella, no de la manera en que lo veníamos haciendo en el mundo, si no alineados y conforme a su bendita palabra escrita.

En el versículo anterior, las palabras *despojar y renovar* significan en griego: vaciar, sacar el contenido y transformar, haciendo que algo sea cualitativamente nuevo. Así, Dios ordena que vacíes y deseches tu viejo hombre; que transformes tus sentimientos, emociones y tu voluntad, es decir, tu mente, que está viciada de ese viejo y pasado hombre. Ahora debes vestirte del nuevo hombre, actuando como un verdadero sabio e hijo de un Dios poderoso, eterno, santo y lleno de amor, por quien Jesús entregó su propia vida.

En este libro te presento algunas enseñanzas y revelaciones contenidas en su palabra escrita y dadas por Dios a tu vida, como una muestra de lo que Él puede hacer en ti y por ti. Es una muestra de cómo la fidelidad de Dios y su gran amor son respaldados, exhortando y alimentando tu corazón para que continúes la carrera que tienes por delante. Este libro también te motivará a seguir buscando la revelación, la enseñanza y la ayuda del Espíritu Santo en cada lectura que hagas de su Palabra. Él, y únicamente Él, a través de muchos otros "medios" como tu Pastor, tus líderes, tus estudios bíblicos y otras tantas formas, te enseñarán y te revelarán cada vez más su perfecta y buena voluntad, permitiendo que en tu corazón haya verdaderos cambios que se manifiesten en tu vida cotidiana. Esto sucederá a medida que busques y medites en sus sagrados escritos, que en todo lo que te vaya dando, mantengas el deseo de llevarlos siempre a la práctica y haciéndolo de corazón. De lo contrario será difícil manifestar el verdadero cambio que esperas. La clave, entonces, es aprender y hacer simultáneamente. Jesús dijo:

*Pero sed **hacedores** de la palabra, y no tan solamente oidores, engañándoos a vosotros mismos. Santiago 1:22*

CAPITULO I

Ilimitada Gracia de Dios

La gracia es el favor extendido e inmerecido que Dios otorga a quienes lo buscan y creen en Él. Es una manifestación de su gran amor para con todos sus hijos, quienes como parte de su divina gracia, han nacido de nuevo en su espíritu y, pueden entrar en su reino eterno. Jesús dijo:

> *...De cierto, de cierto te digo, que **el que no naciere de nuevo**, no puede ver el reino de Dios. Nicodemo le dijo: ¿Cómo puede un hombre nacer siendo viejo? ¿Puede acaso entrar por segunda vez en el vientre de su madre, y nacer? Respondió Jesús: De cierto, de cierto te digo, que el que no naciere de agua y del Espíritu, no puede entrar en el reino de Dios. Lo que es nacido de la carne, carne es; y **lo que es nacido del Espíritu, espíritu es**. Juan 3:3-6*

En términos generales, nacer significa simplemente llegar a existir. Para los creyentes, esto se refiere a una persona que llega a existir o que nace de nuevo en Cristo Jesús, convirtiéndose en una nueva creación o una nueva criatura. Aunque exteriormente continúa viéndose igual y con sus mismos pensamientos, al haber nacido del Espíritu de Dios, se ha convertido en un espíritu renacido o renovado. Esto es algo que sucede en tu espíritu y para tu eternidad, iras comprendiendo a medida que renueves tu mente con la Palabra de Dios. Como lo mencione anteriormente esto sucede cuando aceptas a Jesucristo como tu Señor y tu Salvador, te arrepientes de tus pecados, pasando de un estado de muerte y oscuridad a uno de vida y luz, convirtiéndote en parte de la familia de Dios y de su iglesia, el cuerpo de Cristo. El Nacer de nuevo es nacer de arriba y del Espíritu; no es simplemente un proceso de razonamiento propio, sino un nacimiento espiritual, que te hace hijo de Dios por su propia voluntad.

*La Biblia dice: Mas a todos los que le recibieron, a los que creen en su nombre, les dio potestad de ser hechos hijos de Dios; los cuales **no son engendrados de sangre, ni de voluntad de carne, ni de voluntad de varón**, sino de Dios. Juan 1:12-13*

Entonces lo que realmente nace no es tu alma o tu cuerpo físico, sino tu espíritu, tu verdadero yo. Nosotros somos seres tripartitos (espíritu, alma y cuerpo), y es dentro de ti, en tu mismo espíritu, donde se produce ese nuevo nacimiento. Aunque tu cuerpo continúe viéndose igual y tu alma se comporte de igual manera, por el contrario, tu espíritu ha sido completamente transformado, emblanquecido como la nieve y limpio de toda culpa y pecado por el poder de la sangre de Jesús. Dios entonces comienza a actuar desde tu ser interior por medio del Espíritu Santo, quien entra también a morar en ti, (tu vida interior) te llena de su poder y te guiará a crecer espiritualmente. La biblia dice:

» Vengan ahora. Vamos a resolver este asunto —dice el Señor—. Aunque sus pecados sean como la escarlata, yo los haré tan blancos como la nieve. Aunque sean rojos como el carmesí, yo los haré tan blancos como la lana. Isaías 1:18

Luego de que el nuevo nacimiento ha sucedido en tu vida, de acuerdo con la medida en que te vayas alimentando espiritualmente, con la guianza del Espíritu Santo y disponiendo tu corazón a recibir lo que Él tiene para ti, buscando su comunión, oyendo, estudiando y haciendo su palabra; comenzarás tu transformación desde adentro hacia afuera. Como todo fruto natural que va creciendo paulatinamente, Él hará que esa transformación, esas semillas que hay en ti, se vayan manifestando como **el fruto** del Espíritu Santo que llevas dentro de ti, y el cual ahora morará en ti y estará sobre ti; con su fruto "compuesto" por estas "semillas":

> *....amor, alegría, paz, paciencia, amabilidad, bondad, fidelidad, humildad y dominio propio.* ***Gálatas 5:22-23 a***

Las cuales se van a reflejar en tu hombre exterior a medida que tu mente está siendo renovada por su bendita Palabra, y como resultado, te llevará a dar testimonio de ti mismo a quienes te rodean. La Biblia dice:

> *No se amolden al mundo actual, sino sean transformados mediante **la renovación de su mente**. Así podrán comprobar cuál es la voluntad de Dios, buena, agradable y perfecta. Romanos 12:2*

El hecho de "tener" que nacer de nuevo y de renovar la mente es necesario para aquel que cree y tiene el temor de Dios. El renovar la mente es la consecuencia de la desobediencia de Adán a Dios en el huerto del Edén. Fue desde ese momento en adelante cuando toda la humanidad y sus futuras generaciones murieron espiritualmente a raíz de aquella misma desobediencia. Cuando el pecado entró en el hombre a través de Adán y Eva, todos los fueron engendrados desde entonces nacieron con una naturaleza de pecado, como hijos de ira, apartados de Dios, perdidos por toda la eternidad en oscuridad. Pero ahora, por la ilimitada gracia de Dios, pueden nacer de nuevo como una nueva alternativa que Dios ofrece a toda la raza humana a aquellos que lo buscan y creen en Él de todo corazón.

Te invito a que medites en los siguientes pasajes bíblicos y observes cómo la biblia te afirma y te enseña cómo esa muerte espiritual sucedió en el hombre. La biblia dice:

*Mas del árbol de la ciencia del bien y del mal no comerás; porque el día que de él comieres, **ciertamente morirás** Génesis 2:17*

*...Entonces la serpiente dijo a la mujer: **No moriréis;** Génesis 3:4*
...Y tomó de su fruto, y comió; y dio también a su marido, el cual comió, así como ella. Génesis 3:6b
....Entonces fueron abiertos los ojos de ambos, y conocieron que estaban desnudos. Génesis 3: 7ª

*...Mas Jehová Dios llamó al hombre, y le dijo: ¿Dónde estás tú? Y él respondió: Oí tu voz en el huerto, y tuve miedo, porque estaba desnudo; y me escondí. Y Dios le dijo: **¿Quién te enseñó que estabas desnudo? ¿Has comido del árbol de que yo te mandé no comieses?** Y el hombre respondió: La mujer que me disté por compañera medio del árbol, y yo comí. Entonces Jehová Dios dijo a la mujer: ¿Qué es lo que has hecho? Y dijo la mujer: La serpiente me engañó, y comí. Génesis 9-13*

Pero, ¿Qué pasó? Ellos no murieron físicamente, pues tuvieron miedo, vergüenza y continuaron "viviendo"; tanto que luego hablaron con Dios, caminaron y salieron del huerto del Edén para trabajar. ¿Entonces qué pasó con aquello que Dios dijo, que "morirían"? Pues evidentemente si murieron, pero murieron espiritualmente. Ellos no habían conocido pecado, no tenían malicia alguna, ni miedo, ni vergüenza de estar desnudos porque no la conocían. Pero, por su desobediencia fueron destinados a la separación eterna de su Creador, siendo expulsados del huerto del Edén. Y con ellos, todos los que nacieran desde entonces hasta nuestros días continúan naciendo muertos en pecado. La biblia dice:

*Porque así como en Adán **todos mueren**, también en Cristo **todos serán vivificados**. 1 corintios 15:23*

Efectivamente en Adán todos mueren, pero los que estamos en Cristo, el segundo Adán, ahora vivimos. ¡Gloria a Dios! Sin embargo, los bebés y los niños que nacen físicamente y mueren sin alcanzar la madures física, van a la presencia de Dios por la inocencia que hay en sus corazones.

> *Jesús dijo: Dejad a los niños venir a mí, y no se lo impidáis; porque de los tales es el reino de los cielos.*
> *Mateo 19:14*

Y debido a que se multiplicó la maldad en la tierra, Dios, por su infinito amor a su creación, no la abandona, sino que nos provee una nueva oportunidad para acercarnos a Él: la oportunidad de nacer de nuevo. Pero, reitero, ¿de qué manera sucede esto? Únicamente creyendo en el sacrificio que Jesús hizo en la cruz del Calvario por ti y por toda la humanidad, creyéndolo de corazón y confesándolo con tu boca. No basta sólo pensarlo o meditarlo, ¡no! se requiere abrir la boca y declararlo desde tu corazón.

Si no lo has hecho y deseas hacerlo en este instante, has esta sencilla pero poderosa oración: <u>"Yo declaro con mí boca que Jesús es el Señor y creo en mí corazón que Dios lo levantó de los muertos."</u> La biblia dice:

> *Que, si **confesares con tu boca** que Jesús es el Señor, y creyeres en tu corazón que Dios le levantó de los muertos, serás salvo. Porque con el corazón se cree para justicia, pero **con la boca se confiesa** para salvación.*
> *Romanos 9:10*

De esta manera habrás nacido de nuevo, convirtiéndote en "un bebé", un nuevo bebé espiritual que, como lo mencionaba anteriormente debe crecer. Sabemos que un bebé en lo natural, cuando nace, aunque físicamente esté completo y sano, no entiende ni sabe lo que sucede a su alrededor hasta que comienza a madurar, a desarrollarse y comprende en su mente y en su corazón las situaciones que a lo largo de su vida se le van presentando.

De la misma forma, en la vida cristiana, cuando naces de nuevo, aunque en Cristo ya estas completo y en ti mora el mismo Espíritu Santo, continúas viviendo y pasando por circunstancias difíciles que muchas veces no entiendes como hijo de Dios. Pero, al caminar con fe por "la senda de la vida con Jesús de su mano"; estudiando, meditando y viviendo su palabra, recibiendo la revelación de lo que Él tiene para ti y el entendimiento de sus promesas, irás creciendo progresivamente en tu corazón. Esto te permitirá percibir, discernir y entender tu propósito y lo que Él tiene para ti, llevándote cada vez más a un mayor y pleno conocimiento de nuestro Señor Jesucristo.

Y, ¿qué más debes seguir haciendo como ¿recién nacido? debes recibir continuamente la Palabra de Dios con mansedumbre es decir con bondad; una virtud que es muy importante mantener para que cada vez más recibas revelación de parte de Dios; de ahí la importancia de comprender claramente el significado de esta palabra **mansedumbre**; que implica estar dispuesto a tomar una actitud o un comportamiento diario humilde ante las enseñanzas que Dios trae para ti por medio de su Palabra, de las diferentes maneras en que Él lo hace y las que te envía por medio de tu Pastor u otro hermano en Cristo. Cuando alguien dice eso ya lo sé o ya lo conozco, es orgullo, no mansedumbre.

Es disponer tu corazón y tu mente a recibir esas enseñanzas, creyendo o pensando siempre que todos tienen algo que enseñarte o algo que dar, y que tu estas dispuesto a recibir; pero recibir lo bueno en las diferentes formas donde la base fundamental siempre sea Cristo, que va resplandeciendo con evidencias personales para ti, que te ayudarán a dar testimonio del amor que él te ha dado y que estarán transformando tu alma y renovando tu mente. Te llenará de ese mismo amor una y otra vez, para que lo transmitas igualmente a tus hermanos en la fe y a quienes te rodean en general. Sin embargo, desecha lo que no te edifica. La biblia dice:

*No menosprecies las profecías. Examinadlo todo; **retened lo bueno**. Absteneos de toda especie de mal.*
1 tesalonicenses 5:21-22

Mansedumbre es entonces, una de las virtudes del ser humano cuya referencia manifiesta fue y es enseñada claramente por nuestro Jesucristo "manso y humilde" de corazón, quien, como un cordero, estuvo dispuesto a aceptar daños personales sin resentimiento ni recriminación. De manera suprema, él lo demostró al máximo manteniéndose sin réplica ni justificación ante quienes lo acusaban injustamente y cumpliendo de esta manera, el propósito del Padre Celestial aquí en la tierra, para y por cada uno de nosotros.

Para el nuevo nacido o creyente, mansedumbre significa también permitir que Dios hable a su corazón, en ocasiones por medio del Pastor o de sus Maestros, que enseñan aquellas palabras que tocarán sus tuétanos y confrontarán su vida; confirmarán lo que Dios le ha dicho y le gritarán en su interior un urgente cambio. A pesar de tus circunstancias y de lo fuerte que te parezcan, te mantendrás dispuesto a recibir y a hacer de ellas parte de tu nueva vida en Cristo. Como lo dice el apóstol Santiago…

> *Por lo cual, desechando toda inmundicia y abundancia de malicia, recibid* **con mansedumbre** *la palabra implantada, la cual puede* **salvar vuestras almas**. *Santiago 1:21*

En el Nuevo Testamento la palabra mansedumbre se refiere también a una actitud interior, producida solamente por el Espíritu de Dios como parte del fruto de estar unido a la vid. Los mansos no se resienten ante la adversidad, debido a que aceptan todo como efecto del sabio y amoroso propósito de Dios para ellos, con un amor que tolera injurias de hombres y de sus compañeros, descansan en Dios, sabiendo que Él los defiende y les dará la victoria, y que en ocasiones las permite las dificultades para cumplir su buen propósito.

Deseo compartir contigo este excelente comentario del maestro de la biblia Derek Wood, quien dice: **"Ahora** en Cristo somos imagen de Dios en la tierra, la palabra de Dios, mediante la cual vive y le ofrece una relación a sus hijos, que los levanta por encima de la creación que les rodea, y les confiere su dignidad de hijos de Dios, hechos a su imagen, y destinados a reflejar su gloria. Esta dignidad, además, no es algo que poseemos como individuos aislados delante de Dios, sino sólo en la medida en que nos coloca en una relación responsable y amorosa con los demás hombres. Y es como hombre en el seno de su familia y de las relaciones sociales que el ser humano puede reflejar adecuadamente esa, la imagen **de Dios.**"

Por otro lado, y como lo mencionaba anteriormente, teniendo claro que nuestro espíritu es el que nace de nuevo, no debemos olvidar que ahora le corresponde a nuestra alma (mente) que aún no ha sido recreada y mantiene las mismas fallas, errores, dificultades y pensamientos en una mente contaminada y sucia luchando contra los deseos de la carne (tu cuerpo); esa mente que forma aquella parte donde se alojan los sentimientos, las emociones y la voluntad; la que genera problemas porque tampoco quiere seguir los deseos de tu espíritu nacido de nuevo, sino que se inclina cada vez más al pecado, al viejo hombre, a su antigua naturaleza y a las cosas del mundo; más aún si tú te alejas de Dios y de tu comunión con Él. Ahora, es con ella, con tu alma, con la que te corresponde tratar, exponiéndola a la Palabra escrita de Dios; renovando tu mente hasta someterla a la buena voluntad de tu espíritu, hasta que igualmente afecte y someta tu carne, logrando así esos cambios acompañados de buenas y sabias decisiones. La Biblia dice:

> *En cuanto a la pasada manera de vivir, despojaos del viejo hombre, que está viciado conforme a los deseos engañosos, y renovaos en el espíritu de **vuestra mente**, y **vestíos del nuevo hombre**, creado según Dios en la justicia y santidad de la verdad. Efesios 4:22-24*

Observa cómo dice, "**vestíos** del nuevo hombre" ...dice que tú mismo te debes vestir, no que Dios u otra persona te van a vestir, tú mismo lo debes hacer. ¿Y cómo lo haces? Renovando tu mente con el poder de la Palabra de Dios.

Al nacer de nuevo, ese nuevo hijo adquiere algunos otros beneficios, como son: la salvación, una nueva posición e identidad en Cristo, y una relación directa con Dios. Y esto es una pequeña parte de lo que sucede cuando naces de nuevo. La biblia nos enseña algunas otras riquezas preciosísimas que se reciben al ser ahora parte de la familia de Dios (las puedes leer más adelante en el Capítulo VI). La Biblia dice:

> *...os habéis acercado al monte de Sion, a la ciudad del Dios vivo, Jerusalén la celestial, a la compañía de muchos millares de ángeles, a la congregación de los primogénitos que están inscritos en los cielos, a Dios el Juez de todos, a los espíritus de los justos hechos perfectos, a Jesús el Mediador del nuevo pacto, y a la sangre rociada que habla mejor que la de Abel. Hebreos 12:22-24*

Y ahora puedes comenzar a disfrutar del reino de Dios y su justicia, a medida que conoces al Padre, al Hijo y al Espíritu Santo. Puedes hacerlo mientras lees, confiesas, meditas y memorizas su Palabra. igualmente puedes comenzar a disfrutar el reino de Dios cuando hablas con Él y comprendes que Él tiene un propósito con tu situación actual y con tu vida. Puedes empezar a disfrutar el reino de Dios cuando confías en Él y experimentas esa paz que sobrepasa todo entendimiento, paz que quiere reinar también en tu hogar y en toda dificultad que puedas estar atravesando. Comienzas a disfrutar del reino de Dios cuando todo ello se convierte en parte de tu vida en Cristo. Es entonces cuando en tu espíritu sabes que has nacido de nuevo y que el Espíritu Santo te guía, te afirma en él, te perfecciona, te fortalece, te alimenta y te establece como un nuevo miembro del cuerpo de Cristo.

COMIENZA A CRECER Y A DAR PASOS DE FE Y ARREPENTIMIENTO; ERES AHORA UNA NUEVA CRIATURA EN CRISTO JESÚS, UN HIJO DEL DIOS QUE CREO EL UNIVERSO Y LO QUE EN ÉL HAY.

CAPITULO II

DEL EDÉN A HOY

Desde tiempos inmemoriales, el hombre cambió su modo de vivir totalmente y para siempre. En la actualidad, nos resulta difícil si quiera imaginar cómo era la vida en el huerto del Edén, pues la biblia nos da unas "pocas luces" al respecto. Pero con estas "mínimas luces", veremos lo que sucedía en esos tiempos en los que el hombre comenzó su estadía en la tierra. La biblia dice:

> *Y creó Dios al hombre a su imagen, a imagen de Dios lo creó;* **varón y hembra** *los creó.* **Génesis 1:27**...*Y dijo Jehová Dios: No es bueno que el hombre esté solo; le haré ayuda idónea para él. Génesis 2:18*

Muchas de las cosas que vemos hoy día difícilmente nos parecen lógicas o incluso poco racionales, pues vivimos en medio de un mundo caído, en una generación donde el pecado sobreabunda y mucho de lo que sucede ya no se ve con los "mismos ojos" que se veía ni se contempla como en esos primeros tiempos de la existencia humana. Aquellos eran tiempos en los que el Hombre andaba más en el espíritu que en la carne, más en el reino de Dios que en la maldad y en la malicia actual. Al punto que el mismo Dios, hablaba directamente con ellos. Por esta razón, caminaban desnudos, sin sentir vergüenza ni contemplar morbosidad alguna en sus corazones, y esto era muy normal. Ninguna plaga o enfermedad los atacaba. No les preocupaba el calor ni el frío, pues las condiciones climáticas eran perfectas y soportables para todo su cuerpo. La tierra era regada por un vapor que brotaba de ella, es decir NO era necesaria la lluvia; esta la vinieron a conocer Noé y los suyos, sólo hasta los días del diluvio universal. La Biblia dice:

Y estaban ambos desnudos, Adán y su mujer, y no se avergonzaban. Génesis 2:25...sino que subía de la tierra un vapor, el cual regaba toda la faz de la tierra. Génesis 2:6

Alimentarse era algo muy sencillo; labraban la tierra y cultivaban sus alimentos, sin que ello les produjera callos en sus manos, tampoco fatiga o sudor. Su dieta se basaba mayormente en el consumo de gran variedad de vegetales y frutas, que estaban fácilmente a su alcance. Los frutos de los árboles eran de consumo exclusivo y únicos para el hombre. La Biblia dice:

*Tomó, pues, Jehová Dios al hombre, y lo puso en el huerto de Edén, para que lo **labrara y lo guardase.** Génesis 2:15.*

*Y dijo Dios: He aquí que os he dado toda planta que da semilla, que está sobre toda la tierra, y **todo árbol** en que **hay fruto** y que da semilla; **os serán para comer.** Y a toda bestia de la tierra, y a todas las aves de los cielos, y a todo lo que se arrastra sobre la tierra, en que hay vida, toda planta verde les será para comer. Y fue así.*
Génesis 1:29-30

Este primer hombre caminaba en medio de todos los animales salvajes y domésticos; fueran leones, gatos, jirafas, perros, elefantes, ovejas, etc. Él caminaba entre ellos sin ningún temor y ellos a su vez no tenían temor al hombre. Entonces los leones comían hierba al lado de las cebras, los venados, y las cabras; mientras los halcones, las águilas y todas las aves se alimentaban de las diferentes plantas y semillas del huerto, el conejo y la hiena dormían en paz en medio de todos ellos. Probablemente el hombre se podía sumergir en el agua y acariciar los peces y toda criatura marina; la muerte física no los tocaba. Tal vez el hombre jugaba con ellos ya que como lo mencionaba, no existía temor o peligro alguno en ninguno de ellos. En realidad, el huerto del Edén era un paraíso en la tierra. Sólo hasta cuando el hombre cayó en pecado, fue cuando el temor entró en él y posteriormente, después del diluvio universal, Dios infundió igualmente temor y miedo en todos los animales. La Biblia dice:

El temor y el miedo de vosotros estará sobre todo animal de la tierra, y sobre toda ave de los cielos, en todo lo que se mueva sobre la tierra, y en todos los peces del mar; en vuestra mano son entregados. Génesis 9:2

Que sucedía con **"LOS ADÁN"**. En principio, Adán el primer varón y único ser humano en la tierra, colocaba nombre a todos los animales existentes. Esta tarea fue asignada por Dios, quien seguramente le otorgó mucha sabiduría e inteligencia para realizar esta titánica labor. El hacer esto no era nada sencillo. Por un momento imagina viéndote en medio de una cantidad de animales que jamás haya conocido y trate de darles algún nombre, sería un trabajo largo, arduo y muy complicado que requeriría mucha sabiduría, una sabiduría que venía de Dios directamente. No sabemos exactamente cuánto tiempo le llevó, pero debió haber tomado mucho tiempo, probablemente meses o años antes de que Dios trajese a él su ayuda idónea, la mujer. La Biblia dice:

Jehová Dios formó, pues, de la tierra toda bestia del campo, y toda ave de los cielos, y las trajo a Adán para que viese cómo las había de llamar; y todo lo que Adán llamó a los animales vivientes, ese es su nombre. Génesis 2:19

Un buen día, Dios al contemplar a Adán, decidió hacerle manifiesta su ayuda idónea, (manifiesta porque, recuerda, en Génesis 1:26 Él ya había creado al hombre, Varón y Hembra). Aquella mujer, que mientras estuvo en el huerto del Edén, tuvo por nombre Adán-varona y no Eva, como algunos creen; pues el Adán-varón le puso este nombre cuando le fue presentada por Dios; mientras que el nombre Eva lo recibe después, cuando ambos fueron expulsados del huerto del Edén. Esto es similar a lo que sucede cuando nuestros abuelos o Padres y hoy algunos Pastores, al momento de contraer matrimonio, la mujer cambia el apellido paterno y adopta el apellido de su esposo, agregando el "DE "con el apellido de él (ej. María *De* Ramírez). Sin embargo, en este caso no se trataba de un apellido sino del nombre del varón. Es decir, ambos como pareja, eran Adán-varón y Adán- varona. Y Dios también los llamó así. Veamos lo que dice la biblia:

*Dijo entonces Adán: Esto es ahora hueso de mis huesos y carne de mi carne; ésta será **llamada varona**, porque del varón fue tomada. **Génesis 2:23**… Varón y hembra los creó; y los bendijo, y llamó el nombre **de ellos** Adán, el día en que fueron creados. **Génesis 5:2**…Y llamó **Adán el nombre de su mujer EVA,** por cuanto ella era madre de todos los vivientes. **Génesis 3:20** (cuando fueron expulsados del Edén)*

Los ahora **ADÁN SE MULTIPLICAN.**

*La Biblia dice: Y creó Dios al hombre a su imagen, a imagen de Dios lo creó; varón y hembra los creó. Y los bendijo Dios, y les dijo: Fructificad y **multiplicaos**; Génesis 1:27-28*

Normalmente en muchas enseñanzas actuales, cuando se menciona a Adán y a su mujer, el énfasis se hace en el pecado y la desobediencia que estos cometieron contra Dios. Pero realmente los Adán, fueron los seres humanos más auténticos y bellos de que se tenga noticia. Durante muchos años, tal vez siglos, caminaron con Dios en armonía con la naturaleza, recibieron uno de los mandatos más maravillosos el día en que ellos fueron creados;

mandato que aún hoy disfrutan todas las parejas; este es: *"Tengan muchos, muchos hijos; llenen el mundo y gobiérnenlo; **Génesis 1:28**"* (V. lenguaje sencillo).

Cómo en una escena matrimonial, Dios presenta a Adán y a la mujer con la que habría de procrear y multiplicarse, no como hermanos, sino como una pareja, su compañía y ayuda idónea, que no tuvo tampoco que esperar ser expulsados del huerto del Edén para comenzar a cumplir con este mandato dado por Dios. Hubiese sido como si actualmente una pareja que contrae matrimonio tuviese que esperar a que comiencen a suceder adversidades y problemas en sus vidas para pensar en tener relaciones íntimas como pareja e igualmente hijos. Todas las uniones maritales son de igual importancia para Dios y esta no era la excepción. Desde ese momento en el que se constituyó "el matrimonio" de Adán y su mujer, ellos pasaron a ser una sola carne, varón y hembra, y recibieron el mandato directo e implícito de tener intimidad y multiplicarse.

Es así que cuando leemos la creación en el libro de Génesis, podríamos pensar que tan sólo pasaron unos pocos días o meses y casi ni pudieron darle una pequeña vuelta al huerto del Edén; que luego cuando fueron expulsados de allí, se acordaron del mandato dado por Dios y decidieron tener sus primeros hijos, Caín y luego Abel. Pero en realidad eso no fue así. El libro de Génesis fue escrito aproximadamente entre el año 960 a.C. al 1.440 a.C. lo que nos sitúa en un periodo amplio en el tiempo, para determinar que tuvo que existir mucho tiempo de vida en el Huerto del Edén.

Para Dios la sexualidad es contemplada como una parte crucial e importante de la creación. Él creó a los seres humanos con esa capacidad de tener relaciones íntimas y procrear, les otorgó sus órganos reproductores completos y sanos. Al decir *"fructificad y multiplicaos"*, Dios no solo se refería únicamente al hecho de llevar a cabo la procreación física sino también a un crecimiento espiritual, enseñando a sus criaturas lo que Él era para ellos. Abel y luego Noé en su momento, aplicaron lo aprendido de sus ancestros, al hacer un sacrificio perfecto, que posteriormente y en adelante, en lo que corresponde al Antiguo Testamento fue la ofrenda que presentaron los hombres a su Creador. Y lo que quiero destacar de este momento es el hecho de que, ellos desde el huerto del Edén, Adán y Eva comenzaron a multiplicarse.

Veamos entonces **CÓMO LOS HOMBRES MULTIPLICARON:**

> *A la mujer dijo (Dios): Multiplicaré en gran manera **los dolores** en tus preñeces; con dolor darás a luz los hijos; y **tu deseo será para tu marido**, y él se enseñoreará de ti. Génesis 3:16*

Si parafraseamos y leemos con mayor detenimiento este versículo, entendemos mejor lo que sucedió. Eva ya sabía lo que significaba estar preñada o embarazada y había experimentado este estado en varias ocasiones, ya que Dios le dice: *"multiplicaré en gran manera los dolores de tus preñeces"*. Este detalle es una muy buena señal con datos muy importantes, pues indica que Eva a qué se refería Dios y también que conocía el dolor al tener los hijos, aunque no imaginaba que se le incrementarían significativamente ese dolor, como se lo sentenció Dios. Ese nuevo dolor sería similar al que hoy día experimentan normalmente las mujeres al dar a luz.

Este pasaje también nos revela que era solo en determinados momentos y épocas específicas que la relación sexual entre Adán y Eva tenía lugar y que desde esta sentencia la dinámica cambiaría: ahora, el varón tendría autoridad sobre la mujer en cuanto a la relación sexual cuando él lo deseara, él se enseñorearía de ella, es decir en cualquier día o momento. De no haber sido todo esto así, tal vez Eva hubiese preguntado a Dios: ¿y qué significa todo esto? ¿Ni si quiera sé que es estar preñada, y ahora me dices que vas a aumentar mis dolores? ¿cuáles dolores, si nunca he tenido hijos? ¿Cómo es que él se va a enseñorear de mí, si nosotros tenemos nuestra relación cuando nos place o más aún nunca hemos tenido relación? En fin…pudiera haber cuestionado estas y tantas cosas más. Pero esas preguntas nunca surgieron; ya que sencillamente ella lo escuchó y entendió perfectamente lo que dios le decía.

Ahora bien; adelantémonos un poco en la historia, para retomarla más adelante y analizar mejor lo sucedido mediante una gráfica y comprender mejor lo sucedido.

Entonces Adán y Eva, al ser expulsados del Huerto del Edén, realmente chocaron con un "nuevo mundo", ese encuentro tuvo que ser algo devastador para ellos y para el futuro de sus generaciones. Probablemente vagaron durante varios años por los bosques, cazando, recolectando frutos y vegetales; tratando de conocer su entorno y adaptarse al nuevo ambiente adverso y totalmente contrario en el que ahora se encontraban.

Pero nuevamente cambiemos por un momento el "panorama". Como si la expulsión del Edén no fuera suficiente, el pecado en Caín marcó el comienzo de una bifurcación en su árbol genealógico, un "desorden de procreación" que se originó a causa del pecado humano. Más adelante esto se comprenderá mejor. (ver grafica en pág. 14).

> *La Biblia dice: Ahora, pues, maldito seas tú de la tierra, que abrió su boca para recibir de tu mano la sangre de tu hermano. Cuando labres la tierra, **no te volverá a dar su fuerza**; errante y extranjero serás en la tierra **Génesis 4:11***

Después de que Caín mató a su hermano Abel, sintió temor de morir a manos de otras personas; lo que indica que ya existían otras personas en la tierra. Es así que, esto confirma aún más el hecho de que Adán y Eva, mientras aún estaban en el Huerto del Edén, habían comenzado a procrear…

> *…dijo Caín a Jehová: Grande es mi castigo para ser soportado. He aquí me echas hoy de la tierra, y de tu presencia me esconderé, y seré errante y extranjero en la tierra; y sucederá que cualquiera que **me hallare, me matará**. Y le respondió Jehová: Ciertamente cualquiera que matare a Caín, siete veces será castigado. Entonces*

*Jehová puso señal en Caín, **para que no lo matase cualquiera que le hallara**. Génesis.4:13-15*

Es decir, se habían multiplicado y Caín lo sabía: Al ser expulsados tomaron diferentes caminos; y tuvo que haber pasado muchos años hasta que conformaron ciudades. Adán, junto a su mujer contemplaron entonces cómo sus generaciones salieron con ellos de allí y se esparcieron por toda la tierra, distribuidos y habitando en diferentes lugares, a donde con el tiempo se iban asentando para construir grandes ciudades como la de Nod. Ciudad a la que Caín hace referencia y donde posteriormente él conoce a su mujer Jared con quien engendra un hijo a quien llaman Enóc, **séptimo** desde Adán. Con esto también entendemos que seis generaciones anteriores a él, ya existían; pues si dice **séptimo** desde Adán, es porque seis anteriores lo precedieron. Y ya para cuando él nació, Adán ya tenía 632 años. (ver gráfica).

> *La Biblia dice: Salió, pues, Caín de delante de Jehová, y habitó en **tierra de Nod**, al oriente de Edén. Y conoció Caín a su mujer, la cual concibió y dio a luz a Enóc...*
> ***Génesis 4:16-17ª**....De éstos también profetizó Enóc, **séptimo** desde Adán... **Judas 14ª**.*

Las genealogías registradas en Génesis 5:1-32 y Lucas 32:23-38 confirman esta línea genealógica. Y podemos leer en ellas los antepasados de Enóc, que fueron: Adán (**1**), Set (**2**), Enós (**3**), Cainnan (**4**), Mahalaleel (**5**), Jared (**6**) y **Enóc** (**7**) séptimo. (ver gráfica). Todos estos descendientes fueron engendrados a imagen y semejanza de los Adán.

> *La Biblia dice: Y vivió Adán ciento treinta años, y engendró un hijo a su semejanza, conforme a su imagen, y llamó su nombre **Set**. Genesis5:3*

Y aquí volvemos a retomar lo mencionado anteriormente, donde nos detendremos con especial cuidado.

Como vimos, Adán y su mujer fueron los primeros seres humanos creados y formados por Dios, puestos por primera vez en el paraíso terrenal o el huerto del Edén. Dios era su Dios y ellos eran sus hijos, pero como lo mencioné antes, ellos no eran hermanos, eran varón y hembra, una pareja presentados por Dios y creados entre otras cosas, para multiplicarse, lo cual comenzaron a hacer desde el mismo Edén.

Como lo mencioné anteriormente, hay cosas que para nosotros actualmente resultan ilógicas. Sin embargo, aquí hay un gran misterio, y no quiero que dejemos que nuestra imaginación traspase este límite. Jehová Dios dijo: *"Las cosas ocultas pertenecen a Dios y las reveladas son para nosotros y para nuestros hijos"*. Lo que está escrito y entendible es que ellos engendraron una pareja semejante a ellos mismos, a su imagen y semejanza; varón y hembra, (no hermanos) dispuestos también para procrear y tener hijos e hijas como ellos. Y de esta "clase de seres humanos" por decirlo de alguna manera, únicamente fueron estos nueve: Los Adán, los Set, los Enós, los Cainnan, los Mahalaleel, los Jared, los Enóc, los Matusalén y los Lamec.

Para ellos, lo que venía sucediendo con la multiplicación de la humanidad era algo completamente normal: ser padres antes que hermanos. Podemos discernir que únicamente los que nacían primero eran quienes tenían esa cualidad, privilegio o facultad; posteriormente, estos sí tenían sus propios hijos e hijas. Igualmente podemos entrever que estos hijos e hijas eran varios, y que ya ellos eran hermanos que no se procreaban entre sí (únicamente los primeros "padres especiales"). El gran propósito y mandato de Dios era que fuesen engendrados para multiplicarse y tener hijos e hija. La Biblia dice:

> *Este es el libro de **las generaciones de Adán**. **El día en que creó Dios al hombre**, a semejanza de Dios lo hizo...*
> *Génesis 5: 1ª*

> *Y vivió Set, después que engendró a Enós, ochocientos siete años, y **engendró hijos e hijas**. Y vivió Enós, después que engendró a Cainán, ochocientos quince años, y **engendró hijos e hijas**. Y vivió Cainán, después que engendró a Mahalaleel, ochocientos cuarenta años, y engendró **hijos e hijas**. Génesis 5: 7, 10,13...26.*

En la siguiente gráfica, podrás conocer en detalle la genealogía de los Adán, conforme a lo que está descrito en la biblia, y cómo Caín y Abel forman parte de una bifurcación de esa genealogía. Estas genealogías están basadas en el libro de Génesis y en el evangelio de Lucas.

GENEALOGIA DE ADAN SEGÚN   GENESIS   5:1-32

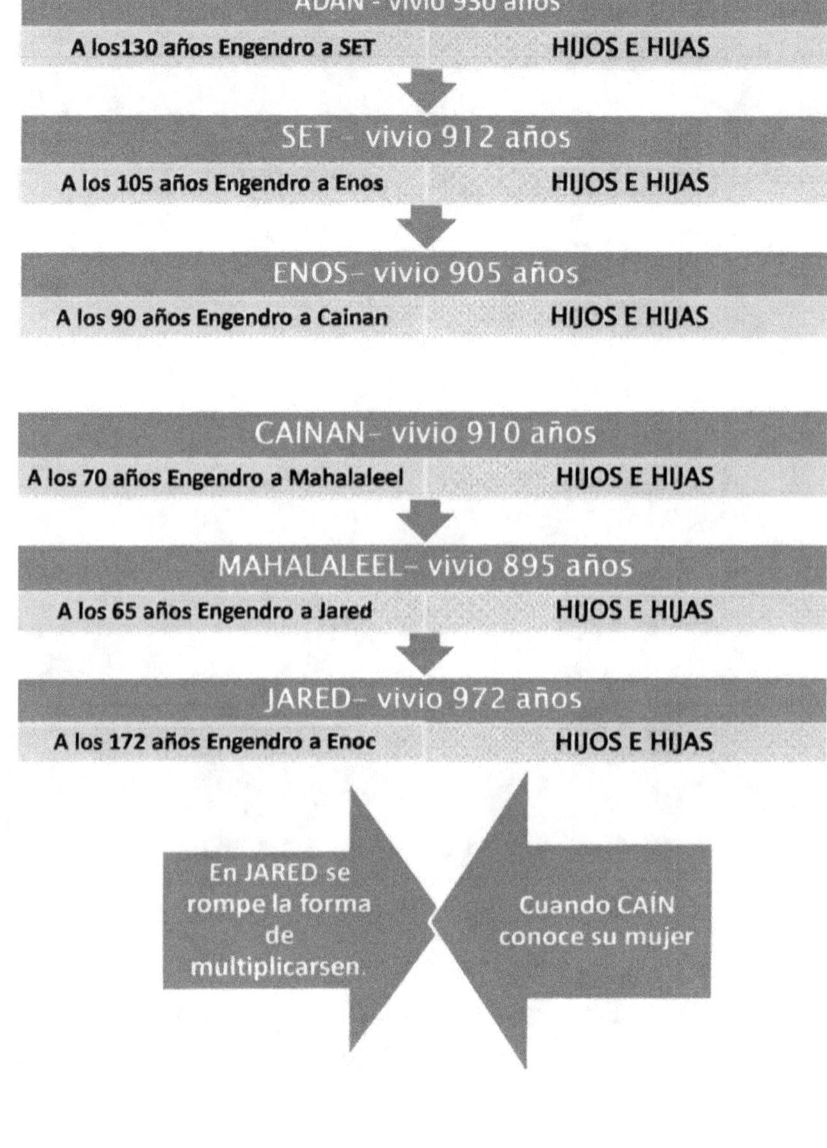

JARED   CAIN

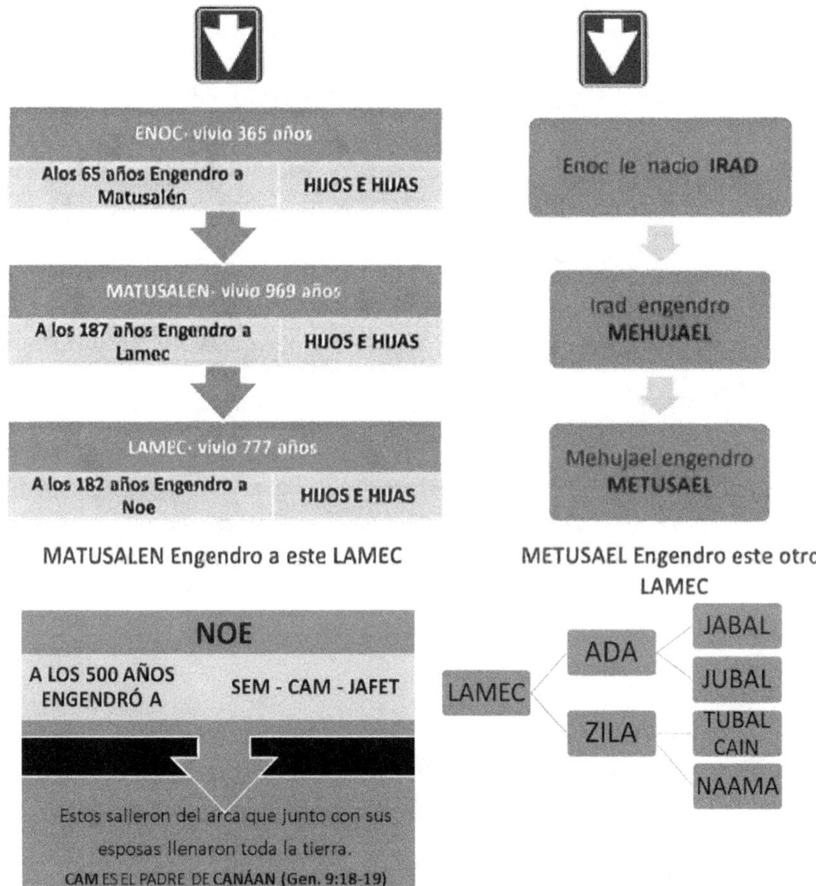

GENEALOGÍA DE ADÁN SEGÚN LUCAS 3:23-38

Con el único fin de enfocarnos en este tema, veremos la última parte y a la inversa de cómo se describe la genealogía:

Observando la gráfica anterior, podrás notar que en ninguna de las genealogías descritas en la biblia aparecen Caín o Abel. Únicamente y de manera aislada se menciona la corta genealogía de Caín; pues ellos no son considerados parte de la generación de los Adán hijos de Dios; sino ya son hijos de Adán y Eva, nacidos fuera del Huerto del Edén y en su condición de pecadores.

Nótese igualmente, que Lamec, hijo de Matusalén engendró a Noé; mientras que Metusael engendró al otro Lamec descendiente de Caín junto con su descendencia, quienes luego desaparecen con el diluvio universal.

El hombre entonces atraído por las comodidades de "la modernidad" da rienda suelta a sus deseos, al punto en que la tierra se corrompe hasta el extremo, por ello Dios decide el fin de esa generación y trae sobre la tierra el diluvio universal, del cual Noé, su esposa y sus tres hijos con sus propias mujeres sobreviven. Así la especie humana se va multiplicando y posteriormente llena cada vez, toda la tierra hasta nuestros días.

Hoy, contamos con el segundo Adán que viene a rescatar de la muerte espiritual y eterna a todo aquel que en él crea.

> *Así también está escrito: Fue hecho el primer hombre Adán alma viviente; el postrer Adán, espíritu vivificante.*
> ***1corintios 15:45***

> *El primer hombre es de la tierra, terrenal; el segundo hombre, **que es el Señor**, es del cielo. **1corintios 15:47***

Hoy, la creación de Dios busca su destino final y eterno al tomar su propia decisión de mantenerse con el primer Adán en el mundo y con los deseos que éste ofrece, o de buscar el camino del segundo Adán – el Señor Jesucristo, quien descendió de lo alto y volverá nuevamente por su Iglesia para llevarla a las bodas del Cordero. Tú decides entonces, cuál será tu destino eterno. (ver Cap.V).

> *Porque así como en Adán todos mueren, también en Cristo todos serán vivificados. **1 corintios 15:22***

CAPITULO III

LA MEJOR VESTIDURA

El apóstol Pablo, mientras estaba preso y observaba constantemente a los soldados, fue inspirado por el Espíritu Santo para describir cómo debe vestirse todo hijo de Dios. Al igual que un soldado de Jesucristo, que ha recibido una armadura para mantenerse firme contra los ataques del diablo. Con piezas similares a las de una armadura romana y basadas en las prácticas militares que ellos enfrentaban en la segunda mitad del siglo primero antes de Cristo. El apóstol Pablo describe estas piezas en un sentido espiritual, explicando por qué todo hijo de Dios debe vestir de esta manera y permanecer completamente equipado con ellas:

> *Porque no tenemos lucha contra sangre y carne, (personas) sino contra principados, contra potestades, contra los gobernadores de las tinieblas de este siglo, contra huestes espirituales de maldad en las regiones celestes.* ***Efesios 6:12***

Está armadura está compuesta por seis piezas, pero para nosotros, los soldados de Jesucristo son siete; ya que la séptima se complementa de manera extraordinaria y en armonía para nuestra defensa y ataque. Estas piezas son descripciones metafóricas que, de manera figurada, representan los diversos elementos y las prácticas o actitudes que en el espíritu todo soldado de Jesús debe mantener.

> *La Biblia dice: Vestíos **de toda la armadura de Dios,** para que podáis estar firmes contra las asechanzas del diablo. Ef.6:10*

> *Por tanto, tomad **toda la armadura de Dios**, para que podáis resistir en el día malo, y habiendo acabado todo, estar firmes. Estad, pues, firmes, ceñidos vuestros lomos con **la verdad**, y*

*vestidos con **la coraza de justicia**, y calzados los pies con el **apresto del evangelio de la paz**. Sobre todo, tomad **el escudo de la fe**, con que podáis apagar todos los dardos de fuego del maligno. Y tomad **el yelmo de la salvación**, y **la espada del Espíritu**, que es la palabra de Dios; **orando** en todo tiempo con toda oración y súplica en el Espíritu **Efesios 6:11-18a***

Dios entonces te invita a ponerte la armadura, no que Él te la ponga, como algunos lo piden en oración, sino que tu mismos debes **vestirte** con ella; (a un soldado nunca lo visten, él se viste a sí mismo). Esta poderosa armadura posee tres elementos ofensivos y tres elementos defensivos, además de la séptima prenda: la oración. A continuación, veremos cada una de sus partes:

EL CINTO DE LA VERDAD hace referencia a aquel creyente que tiene la Palabra escrita en su espíritu y por ende nunca tuerce las Escrituras, ni pretende cambiar, quitar o añadirle algo a ellas para obtener ventajas o beneficios propios. Se mantiene fiel a ella como la verdad inalterable que viene de Dios. Es mantenerla "aislada" de la contaminación del mundo que la manipula y busca engañar con ella constantemente. En cambio, debes exhortar a que otros permanezcan firmes en la verdad la misma que los hará permanecer libres del pecado, de ese mundo y de las obras muertas que muchos actualmente siguen. Que sea la Palabra de Dios formándote cada día como un verdadero seguidor de Jesucristo, que busca cumplir la gran comisión haciendo discípulos para él. Manteniéndola pura, sin añadir ni quitar palabra alguna y sin mácula, como aquella que te enseña y te limpia.

*Jesucristo advierte: Si alguno **añadiere** a estas cosas, Dios traerá sobre él las plagas que están escritas en este libro. Y si alguno **quitare** de las palabras del libro de esta profecía, quitará su parte del libro de la vida, y de la santa ciudad y de las cosas que están escritas en este libro. Ap. 22:18b -19*

LA CORAZA DE JUSTICIA: Es mantener claro el testimonio de lo que la justicia divina de Dios hizo por ti y que ahora es tu identidad en

Cristo como justo y justificado ante tu Creador; pues ahora como justicia de Dios que eres en tu hombre interior (ya perfecto), no harás

justicia por ti mismo, sino que depositas tu confianza en Dios para enfrentar las acusaciones del diablo que te hará por medio de algunas personas.

> *La Biblia dice: Al que no conoció pecado, por nosotros lo hizo pecado, para que nosotros **fuésemos hechos justicia de Dios en él**. 2 corintios 5:21*

EL CALZADO DEL EVANGELIO DE LA PAZ: Significa caminar en paz por medio del evangelio, paz no sólo con Dios sino con la paz de Dios que viene y crece al caminar con Él, día tras día en agradecimiento por todo lo que ha hecho, hace y hará por ti y los tuyos; el calzado del evangelio de la paz, es llevar el evangelio con firmeza y convicción basado siempre en el fundamento que es Cristo; creyéndolo en su corazón y confiando en su verdad, visualizando su principal meta: ser a la estatura de Cristo, pareciéndose cada vez más a Él, quien promete estar siempre de tu lado respaldándote y ayudándote para tal fin. Dios por ti, en ti, contigo y sobre ti.

> *La Biblia dice: Por tanto, **id**, y haced discípulos a todas las naciones, bautizándolos en el nombre del Padre, y del Hijo, y del Espíritu Santo; enseñándoles que guarden todas las cosas que os he mandado; y he aquí **yo estoy con vosotros** todos los días, hasta el fin del mundo. Amén. **Mateo 28:19-20***

EL ESCUDO DE LA FE: Hay momentos de debilidad en que la fe flaquea y las "montañas parecen venirse a aniquilar tu vida" pero es en esos momentos de debilidad donde la fe en la que está depositada tu confianza "te medirá". Tal vez necesitaras ver un milagro o escuchar una palabra de aliento; pero es entonces cuando es imperativo tomar consciencia de que, para ver ese milagro, esa manifestación de Dios, te es necesario mantenerte firme en las promesas que Dios te ha dado respecto a esa situación por la que atraviesas. Es hablarlas y declararlas con fe, de frente ante esas montañas de adversidad. Manteniendo cada día ese escudo resistente contra los ataques del maligno, quien no desaprovechará tu debilidad espiritual para apartarte de tu Creador, "quitándote tu escudo de fe". Y si el diablo logra quitártelo, te mantendrá deprimido con temor de lo que puedas pasar o atravesar en

tu vida. El apóstol Pablo fue ese ejemplo vivo que nos superó en tantas pruebas que son difíciles de imaginar y cómo pudo mantenerse firme y salir siempre airoso de ellas; nunca dejó "quitarse su escudo de fe" porque sabía a quién había creído.

Es el apóstol Pablo quien nos cuenta por medio de las Escrituras: *¿Son ministros de Cristo? (Como si estuviera loco hablo.) Yo más; en trabajos más abundante; en azotes sin número; en cárceles más; en peligros de muerte muchas veces. De los judíos cinco veces he recibido cuarenta azotes menos uno. Tres veces he sido azotado con varas; una vez apedreado; tres veces he padecido naufragio; una noche y un día he estado como náufrago en alta mar; en caminos muchas veces; en peligros de ríos, peligros de ladrones, peligros de los de mi nación, peligros de los gentiles, peligros en la ciudad, peligros en el desierto, peligros en el mar, peligros entre falsos hermanos; en trabajo y fatiga, en muchos desvelos, en hambre y sed, en muchos ayunos, en frío y en desnudez; y además de otras cosas.... 2 corintios 11:23-28*

EL YELMO DE LA SALVACIÓN: Te protegerá de temores infundados y de crear fortalezas que te pueden llevar o mantener en error; guardará tu mente de los malos pensamientos que te vienen continuamente y de todos aquellos que el diablo trata de recordarte respecto tu pasado. El diablo atacará en tu mente todo lo que Jesús hizo por ti en la cruz y todo lo que implicó tu salvación. Es entonces cuando deberás cambiar tu manera de pensar y obedecer a Cristo y su Palabra; orar declarando las verdades que al respecto ahora tienes en tu nueva vida en Cristo.

*La Biblia dice: derribando argumentos y toda altivez que se levanta contra el conocimiento de Dios, y llevando **cautivo todo pensamiento a la obediencia a Cristo** 2 corintios 10:5*

LA ESPADA DEL ESPÍRITU: Los ataques del maligno vendrán tarde o temprano, y vendrán muy seguramente a través de diferentes personas, noticias o circunstancias; pero el renegar, angustiarte y maldecir empeorará tu situación. Jesús al ser tentado por el diablo, nos

da una tremenda "clase magistral de destreza" en cómo usar la espada del Espíritu, que es la palabra de Dios. Porque si tu confías en las promesas que Dios te ha dado y se las repites al diablo cada vez que traiga una adversidad a tu vida, lograrás ganar la batalla; será el resultado de haberlo hecho con todo tu corazón hablándola, no pensándola. El hacerlo permitirá que la Palabra escrita de Dios salga de manera audible por tu boca desde el corazón, haciendo que el diablo retroceda despavorido sabiendo y reconociendo tu autoridad y tu verdadera fe en ella.

Jesús en el desierto, al ser tentado por satanás, "esgrime su espada" cuando el diablo se acerca Él, para tentarlo, y nos da una enseñanza única de cómo se usa la espada del Espíritu:

*La Biblia dice: Y vino a él el tentador, y le dijo: Si eres Hijo de Dios, di que estas piedras se conviertan en pan. El respondió y dijo: **Escrito está:** No sólo de pan vivirá el hombre, sino de toda palabra que sale de la boca de Dios. Entonces el diablo le llevó a la santa ciudad, y le puso sobre el pináculo del templo, y le dijo: Si eres Hijo de Dios, échate abajo; porque escrito está: A sus ángeles mandará acerca de ti, y, en sus manos te sostendrán, Para que no tropieces con tu pie en piedra. Jesús le dijo: **Escrito está también**: No tentarás al Señor tu Dios. Otra vez le llevó el diablo a un monte muy alto, y le mostró todos los reinos del mundo y la gloria de ellos, y le dijo: Todo esto te daré, si postrado me adorares. Entonces Jesús le dijo: Vete, Satanás, porque **escrito está**: Al Señor tu Dios adorarás, y a él sólo servirás. El diablo entonces le dejó; y he aquí vinieron ángeles y le servían. Mateo 4:3-11*

LA ORACIÓN: Esta es la séptima arma fundamental y contundente que como seres espirituales nunca falla. Es la manera en la que cada uno se viste con la armadura de Dios, usándola con toda oración en el Espíritu (en lenguas), o también, con todo tipo de oración, aquella que debilita a la distancia los ataques del enemigo. Son esas oraciones las que te edifican, te fortalecen, te guían y te indican el camino a seguir. Pueden ser oraciones de petición, de acción de gracias, de

consagración, de autoridad, de intercesión o de comunión con Dios en las que intimas con Él abriéndole tu corazón.

CONCLUSIÓN: Dios te invita como creyente y discípulo de Jesucristo, a que te vistas de su armadura, en santidad de corazón; con un compromiso completo, fiel y leal a su Palabra escrita, donde no haya intereses o motivaciones personales, ni tampoco hipocresía. La mirada debe estar puesta en el galardón de la salvación, vistiéndote con la armadura de Dios todos los días y manteniendo una comunión constante y sincera de paz y gozo en el Señor. Debes estar expectante, para no caer y ser víctima permanente de los ataques del maligno o de las distracciones vanas que el mundo te pueda ofrecer.

*La Biblia dice: Sed sobrios, y **velad;** porque vuestro adversario el diablo, como león rugiente, anda alrededor buscando a quien devorar... 1Pedro 5:8*

*Orando en todo tiempo con toda oración y súplica en el Espíritu, y **velando** en ello con toda perseverancia y súplica **por todos los santos** Efesios 6:18*

ENTONCES VÍSTETE ASÍ CON LA ARMADURA DE DIOS:

> ➤ **Ponte el cinto de la verdad:** Cuando enseñes o compartas las Sagradas Escrituras, hazlo con rectitud.

> ➤ **Vístete con la coraza de justicia:** Mantente en santidad y escucha o lee la Palabra con humildad de corazón.

- ➤ **Calza tus pies con el evangelio de la paz:** Predica el evangelio a quienes te rodean o a quienes Dios ponga en tu vida.

- ➤ **Defiéndete con el escudo de la fe:** Alimentando tu fe y mantente firme en las promesas de Dios.

- ➤ **Ponte el yelmo de la salvación:** Guardando tu mente de las voces del diablo, sabiendo que, en Cristo, el enemigo ya no tiene de que acusarte, pues Jesús lo derrotó.

- ➤ **Toma la espada del Espíritu:** Cuando tu fe sea atacada, háblale la Palabra de verdad a las circunstancias. No hables la palabra de la preocupación, ni la de aquellas que muestran lo que no quieres ver o saber, sino la verdad en Cristo.

- ➤ **Ora:** ora en el espíritu constantemente (en lenguas) o en el entendimiento. La oración es tu poder sobrenatural.

CAPITULO IV

Oscuras Estrategias

En el año 2008, tomamos en arriendo un apartamento en una casa; el lugar nos llamó la atención y nos gustó porque se veía recién remodelado, la cocina tenía nuevos enchapes y todo estaba impregnado con el agradable olor a pintura fresca.

Sin embargo, después de trasladarnos comenzaron a suceder cosas muy extrañas: se escuchaban ruidos, objetos se movían, y sentíamos la presencia de alguien que nos observaba. Aunque al principio no le prestábamos mucha atención, pero con el paso de los meses, estas situaciones se intensificaron; empecé a tener pesadillas continuas y visiones desagradables. Cuando orábamos, la situación empeoraba; parecía que alborotáramos un avispero, y los demonios comenzaron a manifestarse. Hubo un día en el que vi a dos frente a mí, escuchábamos voces, sentíamos presencias malignas detrás nuestro, y mis hijas en varias ocasiones veían un ser con aspecto de bruja en la ventana de su habitación y en el comedor.

Finalmente, tras una intensa lucha de oración que duró toda una noche, las manifestaciones se volvieron muy fuertes; el demonio se manifestó, y pudimos ver y sentir con gran impresión y desagrado cómo se retiraba. ¡Gloria a Dios disfrutamos esa victoria ¡.

Pero más adelante, con el discernimiento de las Sagradas Escrituas y la revelación que el Señor nos mostró en ellas, discernimos como el

Señor actuó por pura misericordia con nosotros esa noche y todo el tiempo. Él nos enseña que, en una situación como esa, lo importante era creer en las señales que nos siguen, tomar la autoridad que tenemos en Cristo, echar fuera a los demonios y repeler toda fuerza del mal. De
haberlo hecho, no habríamos batallado tanto, ni durante tanto tiempo en esta lucha. Observe que Jesús dijo: *"estas señales **seguirán** a los que creen"*, y esto nos incluye a todos, a ti y a mí, los que creemos en Cristo Jesús.

> *Y estas **señales seguirán a los que creen**: En mi nombre echarán fuera demonios… Mateo 16: 17ª*

> *Miren, **les he dado autoridad** sobre todos los poderes del enemigo……. Nada les hará daño. Lucas10:19 NTV*

Poco tiempo después de esta desagradable pero enriquecedora experiencia espiritual, y de que esos demonios salieran de la casa, Dios me mostró a una señora que visitaba continuamente a nuestra vecina. Él me dijo claramente que esa señora era una bruja; fue entonces cuando después de tres largos años, tomamos la decisión, salir de allí.

Al mudarnos, mientras acomodaban todos nuestros enseres en el camión de la mudanza, me acerqué a despedirme de una vecina que vivía frente a la casa, y ella me dijo: "ustedes resistieron bastante; al fin se van.". Sorprendido le pregunto: ¿porque dice eso? Ella me respondió que, pocos días antes de nuestra llegada, un pastor que rehabilitaba a personas en situación de calle había vivido ahí en esa casa, durante varios años. Él tuvo que salir porque ese lugar se le había convertido en foco de inmundicia y peligro para él y para los vecinos. Por eso se había hecho la remodelación que vimos nosotros al llegar.

Esto nos ayudó a entender muchas cosas, entre ellas, la importancia de desatar la voluntad de Dios cuando uno se va a trasladar de lugar de residencia, de ciudad o incluso de país; orar antes de habitar un lugar que no conocemos, donde pudieron haber sucedido tantas cosas horribles que ni alcanzamos a imaginar.

*Porque todos los que **son guiados** por el Espíritu de Dios, estos son hijos de Dios. Romanos 8:14*

Este fue un bicho de las tinieblas que perturbó mi sueño por varias noches, rondando inexplicablemente en mi habitación.

A raíz de esa experiencia, de lo aprendido allí y de las enseñanzas que Dios nos ha revelado al respecto en las Sagradas Escrituras, Él, inquietó mi corazón a plasmar algunas de las más relevantes, como las siguientes:

Muchas personas consideran que el diablo no conoce la biblia, pero al contrario la conoce tan bien que cuenta con la habilidad, no solo para tratar de destruir la doctrina del evangelio, sino también, busca con mayor efectividad torcer las Escrituras y utilizar a incrédulos y rebeldes para lograrlo.

Algunos consideran que hablar del diablo es glorificarlo, mientras que otros, sienten que el abordar este tema les produce miedo. Aunque esta enseñanza es completamente Cristo céntrica, y podría parecer que es uno de los temas más largos expuestos en este libro, en realidad es el más corto. Es la única enseñanza que trata sobre lo que hace el diablo y sus demonios. Considera que en su contenido está lo fundamental que todos los creyentes deben conocer. El objetivo principal es…

> Como dice la Biblia: *Para que Satanás no gane ventaja alguna sobre nosotros; pues **no ignoramos sus maquinaciones***.
> *2 corintios 2:11*

Dios no quiere que te involucres en las cosas secretas u ocultas que van más allá de lo que las sagradas Escrituras puedan decirte o enseñarte. Pero si alguien decide hacerlo, muy seguramente caerá sutilmente en la condenación del diablo desviándose completamente de la verdad y del propósito eterno que Dios tiene para su vida.

Sin embargo, tanto en el Antiguo Testamento y aún en el Nuevo, se mencionan diferentes tipos de personas que participaron y cayeron en las redes del diablo. Hoy en día, sus frutos se han hecho manifiestos en las costumbres como la hechicería, la brujería y la interferencia en la vida de otras personas mediante las artes mágicas. Estas prácticas continúan reflejándose en nuestros tiempos, en una constante intromisión del hombre en lo oculto y lo que actualmente se llama fenómenos paranormales.

Es innegable que existen "fenómenos paranormales", De hecho, hay personas que pueden comprobar la existencia de espíritus malignos, de fuerzas extrasensoriales y la existencia de demonios que se manifiestan a quienes los consultan. Prácticas como leer las cartas, la mano, la taza de chocolate, entre otras que podrán existir en formas variadas, pero nada han aportado, beneficiado o edificado a la humanidad a lo largo de toda su historia; por el contrario, han producido destrucción y ruina a quienes las practican. Un ejemplo actual de esto lo podemos ver en algunos países donde la población en su mayoría lleva a cabo estos y tantos otros rituales, como en la India, Haití, Somalia, El Congo, Venezuela entre otros, que enfrentan condiciones de vida muy complicada y difícil como resultado de estas y no sé cuántas otras prácticas.

La Biblia advierte: ***Las cosas secretas*** *pertenecen a Jehová nuestro Dios; mas las reveladas son para nosotros y para nuestros hijos para siempre, para que cumplamos todas las palabras de esta ley.* *Deuteronomio 29:29.*

En alguna ocasión conocí a un hermano en Cristo, que estaba apasionado por conocer profundamente las cosas de Satanás. Su lema era: "conoce mejor al enemigo, que esto le facilita y le ayuda mejor a combatirlo". Y está estrategia es muy válida en una guerra secular entre
naciones, pero nosotros no libramos ninguna guerra en ese sentido. Si así fuera, entonces la obra de Jesús hecha en la cruz del calvario habría sido incompleta y en vano. Podríamos decir... ¿No bastó con su sacrificio? ¿Debemos ahora continuar librando esa guerra? Esto no tendría razón de ser y para un hijo de Dios no tendría sentido.

Este hermano se involucró tanto en el tema, que buscaba páginas de internet al respecto, consultaba todo tipo de libros e información y hasta contactaba satanistas. No sabemos exactamente que le sucedió, o cuanta información diabólica recibió en su mente y aceptó en su corazón... que un día sufrió un shock o confusión mental que, desafortunadamente, dejó a este hombre en un estado de letargo, como si tuviese síndrome de Down, una persona como "ida". Y fue una cosa condición que los médicos no pudieron explicar.

Sabemos también, que no es posible sustentar la fe cristiana sin aceptar la realidad de Satanás, ya que esa realidad se constituye en maligna, sutil y siempre hostil a Dios y a sus hijos. Por lo que es imprescindible comprender que ningún creyente tiene la posibilidad de eludirla o evitar conflicto con esas fuerzas del mal; por el contrario, el diablo utiliza y utilizará diversas maneras de asediarlo. Hoy en día una de las muchas formas en que lo hace se manifiesta en dos "grandes diablos" contemporáneos que acompañan a estas nuevas generaciones:

El dios naturaleza de la nueva era, que pretende presentarse como el "no maligno e incomprendido" y **El diablo de la música secular;**

con lenguaje satánico, acompañado de violencia, promiscuidad sexual, droga, asesinato, suicidio, abuso, rebeldía y mutilaciones. Y cada día surgen más y más formas y engaños.

La Biblia dice: El ladrón no viene sino para hurtar y matar y destruir; Juan 10: 10a

Y eso precisamente es lo que continúa haciendo: **Mata**...la paz del hombre y su hogar, y ataca la creación. **Destruye**... la relación de Dios con el hombre y con la familia. Y **Hurta**...la autoridad de los hijos de Dios.

SATANÁS es el mayor sembrador y destructor de la creación de Dios. Está definido como: el príncipe del mal, lo que en griego básicamente significa "adversario". La mayor parte de la información que tenemos sobre él proviene del Nuevo Testamento; donde también se menciona con expresiones tales como:

•	"Príncipe de este mundo"	Juan 14:30
•	"Príncipe de la potestad del aire"	Efesios 2:2
•	"Homicida desde el principio"	Juan 8:44
•	"El diablo "como león rugiente..."	1 Pedro 5:8
•	"...se disfraza como ángel de luz"	2 Corintios 11:14
•	"Firmes contra las asechanzas del diablo "Efesios 6:11	
•	"Lazo del diablo"	1 Timoteo 3:7

Estas expresiones tienen como finalidad, destacar que los cristianos enfrentamos una lucha espiritual contra las fuerzas del mal, una lucha que no es sólo implacable, sino astutamente trazada por el diablo; pero estas estrategias son descubiertas y reveladas por Dios para que puedan ser destruidas por quienes le creen y permanecen en Él.

Como mencioné anteriormente, a pesar de que, para una gran mayoría de personas, Satanás no es más que una figura nebulosa o como una historia irreal; esta percepción muestra una fuerte evidencia de que el diablo está cumpliendo muy bien su propósito en ellos. Por lo general estas personas no han comprendido que el nacimiento de Jesús fue precisamente la de "deshacer esas obras del diablo".

La Biblia dice: *Para esto apareció el Hijo de Dios, **para deshacer** las obras del diablo. 1Juan 3:8b*

Sumado a este gran propósito de Dios, si el creyente mantiene una oposición decidida, llena de fe, y en victoria ante esa lucha, las sagradas Escrituras le enseñarán y le ayudarán a discernir y mantenerse firme en la fe que es en Cristo Jesús, a pesar de las adversidades que le lleguen. Al respecto Jesús dijo:

> *...En el mundo tendréis aflicción; **pero confiad**, yo he vencido al mundo. Juan **16**:33b*

Pedro, nos exhorta a resistir al diablo cuando dice:

> *al cual **resistid firmes** en la fe, sabiendo que los mismos padecimientos se van cumpliendo en vuestros hermanos **en todo el mundo**. 1 Pedro 5:9.*

Con una fe arraigada y fundamentada en un Dios Todopoderoso y verdadero; Santiago dice: *"Resistid al diablo, y huirá de vosotros" ... Santiago 4:7;* queriendo de alguna manera ilustrar como el Diablo se opondrá al máximo en la vida de los hijos de luz, pero que en definitiva huirá. Pablo nos insta también a no dar *"lugar u oportunidad al diablo" ...Efesios 4:27*, haciendo consiente al creyente, de que la tentación al pecado llegará a su vida, pero fortalecido en el Señor no caerá en ella. El mismo Pablo a su vez sugiere la idea de vestir toda la armadura de Dios *"con la que podremos resistir todo lo que el maligno nos quiere hacer...Efesios 6:11, 13.*

Pablo nos invita a continuar en oposición constante manifestando siempre nuestra confianza y fidelidad a nuestro amado Jesucristo.

> Pues... *"Fiel es Dios, que **no os dejará ser tentados más de lo que podéis resistir**, sino que dará también juntamente con la tentación la salida, para que podáis soportar"* 1 corintios 10:13.

El gran apóstol Pablo nos muestra la importancia de mantener plena conciencia de los recursos con los que cuenta Satanás, quien siempre *"procura obtener ventaja sobre nosotros"*. Por ello advierte que *"no ignoremos **sus maquinaciones** o sus mañas" 2 Corintios 2:11*.

Satanás entonces es el principal oponente actual y muy constante adversario del evangelio, que utiliza siempre las mismas oscuras estrategias. A lo largo de las Escrituras leemos como él obraba a través de los seguidores de Jesús; en el evangelio de Mateo, por ejemplo, Pedro, rechazó el concepto de la cruz y tuvo que oír la represión de Jesús, quien dijo: *"¡quítate de delante de mí, Satanás!" Mateo 16:23...* Satanás tenía planes adicionales respecto a Pedro, por lo que Jesús le

dijo: *"Simón, Simón, he aquí Satanás os ha pedido para zarandearos como a trigo" Lucas 22:31...* Por otro lado, a los enemigos de Jesús, a quienes se atrevió a decirles, *"vosotros sois de vuestro padre el diablo" Juan 8:44...* al ver como Satanás los utilizaba y ellos lo permitían; Jesús los enfrentó, haciendo que se retuerzan sus entrañas y les toque su conciencia.

Otro que cayó en las oscuras estrategias del diablo fue Judas Iscariote, al vender a Jesús por treinta monedas, una acción atribuida directamente a la actividad del maligno cuando Satanás *"entró... en él" Lucas 22:3...* Otra manifestación del maligno quien andaba como león rugiente, se muestra en la expresión previa a la crucifixión cuando Jesús dijo, *"viene el príncipe de este mundo" Juan 14:30...* anticipando así, su confrontación contra él por toda la humanidad.

Todo esto resume de alguna manera cómo el adversario del evangelio de Jesucristo ha sido y será el diablo y sus demonios, quienes se mantendrán al acecho impidiendo permanentemente su propagación.

Mientras elaboraba esta enseñanza y hasta el día de su edición, los ataques de Satanás contra mí fueron diversos: en ocasiones, experimenté malestar general en mi cuerpo; en otros momentos, un repentino sueño pesado me invadía; era tan fuerte que en plenas horas del día debía irme a dormir. Además, fuertes dificultades inesperadas arreciaron contra mi hogar, eran sorpresivas e inexplicables dificultades que surgían, tratándonos de quitar "el escudo de la fe". A pesar de ello, luego de orar y rechazar estos ataques, todo volvía a la normalidad, y así ocurrió en varias ocasiones. Porque Satanás no le conviene ni quiere que se enseñen cosas relacionadas con su maldad y sus oscuras estrategias, pero a pesar de ello y por encima de estas cosas, lo resistimos y continuamos en el nombre de Jesús y con el poder del Espíritu Santo, sabiendo que *"ninguna arma forjada contra nosotros prospera"*. Gloria a Dios, aquí continuamos.

LOS PLANES DE SATANÁS: tuvieron su origen en el orgullo, y se convirtió en engaño a través de diversas y diferentes formas, que él siempre ha utilizado contra todas las personas. Veamos algunas de ellas:

- ✓ **Evitar la comprensión del evangelio:** Desea que nadie entienda el evangelio ni madure en Cristo, para que así no dé fruto. De esta manera logrará que el creyente solamente sea un tibio, vulnerable a sus ataques y presa fácil de sus engaños.

- ✓ **Fomentar la avaricia:** Su propósito es que las personas crezcan en avaricia, llenándolas de temor por la pérdida de sus bienes y riquezas, mostrándoles que perderlas los llevará a sentirse, fracasados, frustrado en la vida y con un futuro incierto.

- ✓ **Mantener una mente reprobada:** Satanás permanentemente, intenta mantener a las personas con pensamientos lujuriosos, recordándoles las maldades que cometieron en el pasado, y manteniéndolos en esclavitud con una mente no renovada, llena de pecado y odio.

- ✓ **Inducir al error doctrinal:** Busca llevar a las personas al error doctrinal, sembrado confusión a través del desconocimiento de la palabra de Dios y de influencias mundanas impuestas por el hombre.

✓ **Fomentar el miedo a morir:** Satanás al mantener miedo en las personas a la muerte, las lleva a buscar explicaciones en experiencias del más allá. Esto para evitar que busquen la verdadera luz de Dios, que les daría claridad y fortaleza sobre el tema.

ESTRATEGIAS del Diablo, como mencionaba anteriormente, las estrategias del diablo siguen siendo las mismas desde tiempos antiguos. Veremos cómo la Biblia nos advierte al respecto:

➤ *"Para que no os tiente Satanás a causa de vuestra incontinencia"* 1 *Corintios 7:5...* Mantenerte alejado de tu relación matrimonial e íntima con tu cónyuge te llevará a la tentación o al adulterio.

➤ *"En seguida viene Satanás, y quita la palabra que se sembró en sus corazones"* Marcos 4:15... El diablo buscará robar la buena semilla sembrada en tu corazón; lo hará utilizando justificaciones a su conveniencia en lugar de lo que has recibido por medio de la Palabra escrita de Dios.

➤ *"El que practica el pecado es del diablo."* 1 Juan 3:8... Este es el argumento más fuerte para la muerte eterna de todo incrédulo: A tal punto que practicar el pecado te lleva a pertenecer al diablo y te convierte en su hijo, pues más adelante dice: *"En esto se manifiestan los **hijos** de Dios, y los **hijos** del diablo"* 1 Juan. 3.10.

➤ *"¿Por qué llenó Satanás tu corazón…? Hechos 5:3* Esta es una pregunta que, el apóstol Pedro le hace a Ananías. De manera similar, cuando Pablo se dirigió a un enemigo del cristianismo, y le dijo a Elimas : *"¡Oh, lleno de todo engaño y de toda maldad, hijo del diablo, enemigo de toda justicia! ¿No cesarás de trastornar los caminos rectos del Señor? Hechos 13:10...*

El diablo entonces, busca engañar de muchas formas, incluso tratando de imitar las cosas de Dios; trayendo confusión al creyente que no sabe discernir lo que proviene de Dios y lo que viene del diablo.

Como resultado, muchos asumen erróneamente que todas las dificultades que enfrentan son permitidas por Dios, sin considerar que la causa de ello, es su falta de comunión con Él. Esta confusión a llevado a la formación de muchas sectas y a la desviación de numerosos creyentes de la sana doctrina, porque consideran haber escuchado la voz de Dios o que ciertas situaciones provienen de Él, sin primeramente confrontar estos pensamientos o voces con la verdad de la Palabra escrita de Dios o con Dios en oración. Al no mantener su fe ni esperar con toda confianza las respuestas o la guianza de Dios, caen en el engaño y, a su vez hacen caer a otros en la condenación del Diablo. Dios usa, el diablo utiliza.

> La Biblia dice: *Amados, **no creáis** a todo espíritu, **sino probad** los espíritus si son de Dios; porque muchos falsos profetas han salido por el mundo. 1Juan 4:1*

Recuerda, tú eres un **espíritu,** tienes un alma y vives en un cuerpo; y puedes ser ministrado por **otro u otros espíritus** que también tienen un alma y que igualmente viven en un cuerpo, por ello el anterior escrito hace referencia a espíritus que ministran a otros.

ALGUNAS DE LAS <u>LIMITACIONES</u> QUE TIENE EL DIABLO

1. **Primeramente, DIOS**: la mayor limitante del diablo.
2. **Los Ángeles, Arcángeles, Querubines y Serafines:** Estos seres celestiales también limitan la acción del diablo.
3. **La Trinidad:** Padre, Hijo y Espíritu Santo.
4. **Personas que Dios usa:** para guardarte de los ataques del maligno.
5. **Lo que Dios habla y confirma a tu espíritu**: El diablo no puede contradecir lo que Dios confirma en tu espíritu.
6. **El poder de expulsar demonios**: El diablo y sus demonios pueden ser echados fuera por tu palabra en el nombre de Jesús.
7. **Sueños y visiones de Dios:** Dios puede protegerte a través de sueños y visiones.
8. **La bendición de Dios por fe:** Dios bendice a través de la fe, limitando la influencia del diablo.

9. **La Palabra de Dios y confirmada por los Profetas:** Hoy en día, los predicadores.
10. **El poder sobrenatural de Dios en sus hijos**: Dios manifiesta su poder promedio de ellos, sus hijos.
11. **El diablo no conoce tus pensamientos:** El diablo no puede saber lo que estás pensando.
12. **El diablo no es omnipotente, omnipresente ni omnisciente:** sus capacidades son limitadas, a diferencia de Dios.

<u>IMITACIONES</u> QUE SATANÁS QUIERE HACER DE DIOS

1. **Organización de huestes:** Satanás se organiza en huestes, gobernadores, potestades y principados.
2. **Falsa trinidad:** Tiene una trinidad falsa compuesta por Satanás, Anticristo y Falso Profeta.
3. **Utilización de personas:** las utiliza para luego desecharlas.
4. **Se manifiesta a través de "sus hijos":** Se manifiesta a través de aquellos que son considerados "sus hijos" apartados de Dios.

5. **Comunica directamente a la mente:** Habla a la mente en primera persona.
6. **Manipula mediante sueños:** Te trae sueños y pesadillas para manipularte.
7. **Ofrecimiento de cosas con interés oculto:** Te da cosas, pero siempre con un interés oculto, que en el momento menos esperado cobra y muy caro.
8. **Engaño por medio de circunstancias y falsos profetas:** Te habla por difíciles o placenteras situaciones y utilizando profetas engañadores.
9. **Manifestación de un poder natural engañoso**: Con su puestos milagros o apariciones inexplicables.

CÓMO SATANÁS UTILIZA A UNA PERSONA: Es importante aclarar, primeramente, que Dios **usa** a las personas, es decir busca cumplir su propósito por medio de sus servidores. Dios los guía, los está protegiendo y los cuida permanentemente; pero en contraste Satanás **utiliza** a las personas. Busca cumplir sus malvados planes y luego que ha logrado su objetivo las desecha y las oprime. Un claro ejemplo bíblico de esto son los incrédulos que no saben controlar sus pensamientos, sino permiten estos tomen fuerza y maduren en su mente, llevándolos a cumplir el propósito del diablo. Este es el caso de Judas Iscariote.

*La Biblia dice: Jesús habiendo escogido a sus doce apóstoles dijo: "... ¿No os he escogido yo a vosotros los doce, y uno de vosotros es diablo? Hablaba de Judas Iscariote, hijo de Simón; porque éste **era el que le iba a entregar**... Juan 6:70-71.*

El Señor Jesús conocía los pensamientos que comenzaban a rondar la mente de Judas, que quizá ya estaba maquinando y planeando como habría de entregar a Jesús; Judas permitió que sus pensamientos se llenarán de codicia y otros argumentos, que lo llevaron a traicionarlo.

La Biblia dice: *Entonces Judas Iscariote, uno de los doce, **fue a los principales sacerdotes** para entregárselo. Marcos 14:10*

Para entonces, Judas, tomó decisiones basadas en sus propios argumentos, que a su modo de ver le parecían correctos. Es en ese momento cuando Satanás entra a su corazón, y Judas mismo toma su propia decisión.

La Biblia dice: *Y **entró Satanás** en Judas, por sobrenombre Iscariote, el cual era uno del número de los doce; Lucas 22:3.*

Al entrar Satanás en el corazón de Judas o de cualquier otra persona, se hace completamente imposible que esa persona revierta su decisión, decisión que; en el caso de Judas, Satanás ha estado trabajando en su mente, una y otra vez, día tras día, con mucha paciencia, hasta que ha logrado el resultado que esperaba: entregar a Jesús. De igual manera lo hace con aquellas personas que deciden quitarse la vida, realizar una masacre o cometer otros actos terribles y atroces hoy día ocurren en el mundo. Satanás les habla a la mente en primera persona para que crean que esos pensamientos e ideas son suyos. Pese a todo ello, el mismo Satanás quien les da la idea, la cual esas personas maduran, la expresan y cuando lo hacen, entra en su corazón para que la lleve a cabo esos pensamientos.

Esta es la vieja estrategia más común que el diablo ha utilizado y utiliza para atacar y dificultar la vida difícil a alguien. Utiliza a tus parientes, amigos, compañeros o vecinos para sembrar en sus corazones una idea o un chisme en tu contra; hablándoles a la mente, en repetidas ocasiones hasta que creen que esos pensamientos son propios. Si lo permiten y lo alimentan con más pensamientos, comenzarán a meditar en ellos, llenándose cada vez de más argumentos que justificarán su actuar con ideas propias contra ti, contra cualquier persona o circunstancia. Así, estos pensamientos se convierten en fortalezas en su mente.

Cuando esto sucede, el Diablo ha logrado su cometido y tiene a esa persona ya dispuesta para utilizarla. Hace que tome decisiones por sí mismo, que mantenga esas decisiones en su mente con pleno convencimiento, y después de varios días, meses o incluso años de estar rondando esa mente, aquellas decisiones pasan por su corazón para llevarlas a cabo y atacar o atacarte. Por ello, la Biblia advierte en reiteradas ocasiones sobre esto, ya que también nosotros ser utilizados como su maligna herramienta contra otras personas.

> *Sobre todas las cosas **cuida tu corazón**, porque este determina el rumbo de tu vida. Proverbios 4:23 (NTV)*

> ***Ni deis lugar** al diablo. Efesios 4:27*

> *Por lo demás, hermanos, todo lo que es verdadero, todo lo honesto, todo lo justo, todo lo puro, todo lo amable, todo lo que es de buen nombre; si hay virtud alguna, si algo digno de alabanza, **en esto pensad**. Filipenses 4:8*

Esto indica que la mente es el receptor y el corazón de todo hombre; es como una "caja fuerte" donde se guarda lo que uno es y lo que expresará en algún momento. Debes ser consciente de que la lucha no es contra esa persona, sino contra lo que hay en ella, lo que hace que actuar en su contra.

ALGUNOS DE SUS ATAQUES. Recuerdo un día, cuando vivíamos en aquella casa que describí al principio de este capítulo, tuve una pesadilla en la que me veía en el pasillo, frente a un demonio. Era un ser de baja estatura, sin cabello y de aspecto muy desagradable, con una mirada llena de odio que me dijo: "voy a acabar con lo que tienes acá," y luego huyó. Poco tiempo después y durante una misma semana sucedieron cosas fuera de lo común para nosotros: se estalló la olla a presión, lo que a su vez destruyó la estufa; a las 2:00 am otro día, mientras dormíamos, inexplicablemente la conexión de la ducha eléctrica se quemó completamente; la computadora se bloqueó y dejó de funcionar; el tubo de escape de nuestro automóvil se cayó, resultó en el piso junto con toda su conexión a lo largo del automóvil, y otro día, un automóvil chocó contra el nuestro por la parte trasera. Coincidencia o no, todo esto nos sucedió en unos pocos días.

El diablo ataca utilizando diferentes tipos de demonios como:

- **Demonios destructores,** dedicados a entrar a los hogares para destruir familias, elementos o electrodomésticos.

- **Demonios familiares,** aquellos que conocen tu trayectoria desde que naces hasta que mueres y están al acecho, listos para acusarte. Estos son los mismos que utilizan los adivinos que se
conectan entre sí y con otros para hacerte creer que tienen el poder especial de conocer todas las cosas y que los vinculan con nuestro divino Dios.

- **Demonios territoriales,** que se encuentran posicionados en determinados lugares o cosas con argumentos que lo autorizan a estar allí. Ejemplos incluyen imágenes religiosas, muñecos consagrados, objetos, plantíos o lugares igualmente consagrados, y vidas en pecado.

Estos son solo algunos de los elementos que el diablo utiliza para mantenerse en un lugar y perturbar la vida de alguien. Recuerda, el mundo de las tinieblas está más allá de nuestro entendimiento; así como no existen dos personas iguales, los ataques varían para cada uno. Satanás como el acusador, y enemigo de la humanidad, se mueve rápidamente junto con todos sus demonios, buscando destruir "la joya más preciosa" de Dios: su creación, que incluye al ser humano. A continuación, veremos algunos de los ataques más comunes dirigidos directamente al hombre:

El diablo lo envanece, enorgullece, desacredita, enreda, acusa o zarandea; lo lleva a condenación, le corrompe la mente, lo vuelve religioso e hipócrita, lo debilita, lo tienta en sus debilidades, siembra la duda, le quita el gozo, la oración, la adoración y la obediencia. Además, tuerce la Palabra de Dios y la quita de su corazón, le hace ver que sus testimonios sean inútiles, mientras "ruge" atemorizante para hacerlo presa fácil. Ataca espiritual, física y materialmente; y todo esto mientras lanza dardos de fuego desde diferentes "ángulos" hacia tu vida. (lea en seguida, "dardos de Fuego"). Revisa cada una de estas cosas en tu vida y procura constantemente evitarlas, así le cerrarás muchas puertas al maligno.

> ***La Biblia dice:*** *Sobre todo, tomad el escudo de **la fe**, con que podáis **apagar todos los dardos de fuego** del maligno.*
> *Efesios 6:16*

DARDOS DE FUEGO. En la antigüedad un dardo de fuego, era una de las armas más letales y más comunes usadas por los soldados romanos para atacar al enemigo y acortar la distancia del ataque; eran semejantes a una pequeña lanza con punta de metal, que se arrojaba con la mano. En ocasiones ataban estopa encendida a la punta de sus dardos o los impregnaban con brea. Otro tipo de dardos tenían en un extremo un pequeño manojo de pelo de camello, que encendían antes de lanzarlo. Estos dardos se arrojaban por decenas de miles en un mismo instante lo que generaba en el enemigo caos y pánico, acompañado de gran daño y pérdidas. Posteriormente, durante mucho tiempo lanzar dardos se consideró un deporte practicado básicamente por los militares. Era muy apreciado por ellos ya que agudizaban su puntería para la guerra.

El apóstol Pablo asimila el ataque del diablo a la fe del creyente con dardos de fuego, describiendo con gran exactitud el efecto destructivo y doloroso que esos ataques pueden traer a la vida del creyente. Así mismo enseña la forma de contrarrestarlos mediante el uso de la armadura de Dios, especialmente el escudo de la fe, con la que podrás apagar la incredulidad, la duda, la desconfianza hacia Dios y todo dardo que el enemigo te pueda lanzar.

Por otro lado, sabemos que ninguna palabra escrita en la biblia está ahí por casualidad, como un relleno o por coincidencia; sí no nos habla de dardos de fuego, no pretende que esperemos verlos físicamente atacando nuestro cuerpo o verla llegar por los aires, ¡no! Entonces, ¿cómo puede un creyente distinguir o discernir un dardo de fuego del maligno hoy día? El dardo de "fuego del maligno" llega a cualquier persona sin discriminación alguna; intentará dañar primeramente tu fe; y ese "dardo" cuando es "lanzado" por el diablo, llegará de imprevisto y sin avisar, el día que menos lo imaginas, en el momento menos esperado; posiblemente en una noticia, una llamada o por medio de una situación cotidiana difícil que te dejará atribulado y desorientado, tratando de golpear fuertemente tu fe.

Un dardo de fuego del maligno normalmente llega a través de personas cercanas a ti, y si no estás preparado, no lo podrás distinguir. Estos dardos traen consigo **las cinco "D"** del diablo: **D**uda, **D**epresión, **D**ivisión, **D**esespero, **D**esánimo. Es posible que cuando ese dardo llegue a tu vida difícilmente recuerdes esta enseñanza, pero si la
meditas y la mantienes muy presente, lograrás "verlo" y deberás usar "el escudo de la fe" para apagarlo.

Un ejemplo de un dardo de fuego del maligno es aquel chisme donde te enteras que tu mejor amigo o amiga está hablando mal de ti; recibir un diagnóstico médico en el que se detectó una grave enfermedad; o la pérdida imprevista de algo o alguien que toca tu vida, etc.... generalmente, son muy malas noticias para tu vida. Tenlo muy presente, porque esto te podrá ayudar.

A continuación, veremos las **dos armas** letales, sutiles, contundentes y estratégicas que el diablo utiliza comúnmente y que, con sus consecuencias colaterales, podrán llevar a la perdición el alma de cualquier creyentes o discípulo e incluso de grandes predicadores comprometidos con la obra de Jesucristo.

1. QUITARLE EL ESCUDO: ¿Qué sucedería, refiriéndome a un soldado romano, si a este soldado en medio de la batalla el enemigo le logra quitar su escudo? Inmediatamente, ese soldado tendría que huir atemorizado o morir en el intento, en otras palabras, estaría completamente perdido. Igualmente, si Satanás logra quitar, "el escudo de la fe" a un soldado de Jesucristo, estaría completamente perdido; pues al hacerlo no sólo debilitará su fe, sino que lo apartará del Señor y hará también que ese soldado sea desagradable ante los ojos de Dios por el pecado que practique. Y este es uno de los objetivos principales del diablo: hacer que el creyente sea desagradable ante Dios y continuará intentándolo por todos los medios posibles hasta el fin de sus días en la tierra. Es así que, si cae y nunca se arrepiente, ni vuelve a sus caminos correctos, solo le quedará esperar el último suspiro de su vida, y lo perderá por la eternidad. Esto sucederá igualmente con aquellos que nunca creyeron en Dios ni nacieron de nuevo.

La Biblia dice: *Pero sin fe es imposible **agradar** a Dios.... Hebreos 11:6*

2. NO PERMITIRLE QUE LLEGUE AL PERDÓN: Un creyente comprometido en la obra del Señor, es posible que pase toda su vida sin querer escuchar de alguien en particular, porque sencillamente esa persona le causó una herida que ha sido difícil de perdonar de todo corazón, y el diablo lo sabe muy bien. Al diablo le conviene que esa persona se mantenga en el odio y en la falta de perdón. Debes en cuando él, lo alimenta con sus malos recuerdos, y de esta manera no tendrá ningún apuro por verlo destruido; sólo debe esperar pacientemente el fin de sus días; él sabe que, por su falta de perdón, Dios tampoco le va a perdonar. Reitero, por más que haya compartido y enseñado la palabra de Dios, el tal, se perderá, y el diablo esperará su último suspiro para tenerlo por la eternidad.

La Biblia dice: *...Perdonad, si tenéis algo contra alguno, para que también vuestro Padre que está en los cielos os perdone a vosotros vuestras ofensas. Porque **si vosotros no perdonáis**,* *tampoco vuestro Padre que está en los cielos **os perdonará** vuestras ofensas. Marcos 11:20-23*

EL NUEVO TESTAMENTO, LA LUZ que ofrece seguridad al discípulo de Jesús, revela las limitantes que tiene Satanás y su derrota en la cruz, demostrando así el débil poder y lo anulado que se encuentra frente a los hijos de Dios. Sin embargo, lo contrario ocurre con aquellos que están apartados de Dios y no comprenden el significado del Nuevo Testamento para los creyentes en Cristo. El diablo hace que lo vean como algo totalmente difícil de entender y como un enemigo imposible de vencer, pues él es el dios de este mundo que los intimida y engaña constantemente, pero ellos desconocen que su derrota ya es absoluta.

> La Biblia dice: *Satanás, quien es el **dios de este mundo, ha cegado** la mente de los que no creen. **Son incapaces** de ver la gloriosa luz de la Buena Noticia. **No entienden** este mensaje acerca de la gloria de Cristo, quien es la imagen exacta de Dios. 2 corintios 4:4 (NTV)*

Aunque el diablo solo puede ejercer su actividad y engañar dentro de los límites que Dios le ha fijado, logra hacer muchísimo daño a los incrédulos. En algunas ocasiones, Dios puede permitirle actuar también para impulsar la causa del bien en otros, es el caso presentado en el siguiente pasaje cuando dice:

> *"el tal sea entregado a Satanás para destrucción de la carne, **a fin de que el espíritu sea salvo** en el día del Señor Jesús".*
> *1 corintios 5:5*

A pesar de esto, debes saber que el Señor Jesús habló del destino final de Satanás y sus demonios, cuando dijo que el "fuego eterno" estaba "preparado para el diablo y sus ángeles", y el apóstol Juan posteriormente ve el cumplimiento de estas Palabras…

> *Apocalipsis 20:10 dice: "Y el diablo que **los engañaba** fue lanzado en el lago de fuego y azufre, donde estaban la bestia y el falso profeta; y serán atormentados día y noche por los siglos de los siglos".*

El diablo que ya ha sido derrotado por la muerte, sepultura, resurrección y ascensión de Jesús; vera su derrota completa, la cual se hará obvia y total al final de los tiempos.

Jesús ha dado autoridad a todo, todo, todo creyente sobre Satanás y sus demonios; el creyente puede resistirlo, echarlo fuera y ni él, ni ninguna fuerza del mal dañará a los justos ni prosperará contra ellos. No necesitas gritarle al diablo, él tiene un oído muy agudo y escucha muy bien tus órdenes, únicamente dáselas con autoridad y él las tiene que obedecer.

> La Biblia dice: *He aquí os doy potestad de hollar serpientes y escorpiones, y sobre toda fuerza del enemigo, y **nada os dañará**. Lucas 10:19*

> *Y estas señales seguirán **a los que creen**: En mi nombre **echarán fuera demonios**… Marcos 16:17 a*

El creyente que ha recibido a Jesús como su Señor y salvador está revestido de Cristo, repudia el pecado, practica la verdad en amor y se pone *la armadura de Dios* (leer capítulo IV) porque sabe que El Espíritu Santo está con él. Por tu fe en Cristo Jesús y porque has sido trasladado de las tinieblas a la luz de Cristo, debes saber que la razón por la que Satanás huye cuando es echado fuera en el nombre de Jesús, es porque ve a Cristo Jesús en ti y no por tus propios méritos. (leer capítulo VI).

> La Biblia dice: *Y a vosotros, estando muertos en pecados y en la incircuncisión de vuestra carne, **os dio vida** juntamente con él, perdonándoos todos los pecados, **anulando el acta** de los decretos que había contra nosotros, que nos era contraria, quitándola de en medio y clavándola en la cruz, y despojando a los principados y a las potestades, los exhibió públicamente, **triunfando sobre ellos** en la cruz Colosenses.2:13.*

CAPITULO V

DESPUÉS DEL RAPTO

La Biblia dice: Porque si creemos que Jesús murió y resucitó, **así también traerá Dios con Jesús a los que durmieron en él.** *Por lo cual os decimos esto en palabra del Señor: que nosotros que vivimos, que habremos quedado hasta la venida del Señor, no precederemos a los que durmieron. Porque el Señor mismo con voz de mando, con voz de arcángel, y con trompeta de Dios, descenderá del cielo; y* **los muertos en Cristo resucitarán** *primero. Luego nosotros los que vivimos, los que hayamos quedado,* **seremos arrebatados** *juntamente con ellos en las nubes para recibir al Señor* **en el aire**, *y así estaremos siempre con el Señor* **1 tesalonicenses4:14-17**.

Sin duda alguna, el rapto de la iglesia de Jesucristo será uno de los acontecimientos más grandes que la historia de la humanidad haya presenciado. Este evento generará confusión y caos para quienes permanezcan en la tierra. Se presentarán numerosos accidentes de tránsito, aviones caerán; en las oficinas, empresas, fábricas una gran cantidad de personal habrá desaparecido. Cantidad de familias enteras no estarán en sus casas, edificaciones quedarán completamente vacías y abandonadas, sin explicación alguna. Los medios de comunicación alrededor del mundo transmitirán en cadena este mismo acontecimiento en sus respectivos países. Algunas explicaciones "más lógicas" para ellos podrían ser que los extraterrestres se los llevaron o que una gama de rayos cósmicos los consumieron. Debido a esto, y a que habrá muchas propiedades de diversos tipos alrededor del mundo sin sus

dueños, se establecerá un nuevo orden mundial: una sola economía, una sola religión y un solo ejército.

Este acontecimiento se conoce como el rapto de la iglesia de Jesucristo. La palabra rapto viene del latín que se traduce como rapiemur, en el hebreo esta palabra es arrebatamiento / harpazo… que significa aferrar, agarrar, raptar, sacar a la fuerza. Leemos en la biblia varios ejemplos de tipos de rapto que confirman y dan certeza de este próximo evento; y vemos cómo Dios lo ha hecho en repetidas ocasiones y con diferentes personas. Tal es el caso de:

✓ **Enoc**… *y como anduvo fielmente con Dios, un día **desapareció** porque Dios se lo llevó. Genesis 5:24*

✓ **Elías**… *Iban caminando y conversando cuando, de pronto, los separó un carro de fuego con caballos de fuego, y Elías **subió al cielo** en medio de un torbellino. 2 Reyes 2:11*

✓ **2 testigos**… *Entonces los dos testigos oyeron una potente voz del cielo que les decía: «Suban acá». **Y subieron al cielo en una nube**, a la vista de sus enemigos. Apocalipsis 11:12*

✓ **Jesús**… *Habiendo dicho esto, mientras ellos lo miraban, **fue llevado a las alturas** hasta que una nube lo ocultó de su vista. Ellos se quedaron mirando fijamente al cielo mientras él se alejaba. De repente, se les acercaron dos hombres vestidos de blanco, que les dijeron: Galileos, ¿qué hacen aquí mirando al cielo? Este mismo Jesús, que ha sido llevado de entre ustedes al cielo, **vendrá otra vez de la misma manera** que lo han visto irse. Hechos 1:9-11*

Es así que, Dios ha venido dando muestras de su propósito con la humanidad; Jesús vendrá nuevamente desde el cielo, de la misma manera en que se fue. Por esta razón, Él quiere que conozcas la meta para que corras hacia ella, porque el tiempo se acerca.

El rapto es un tipo de juicio de Dios para aquellos que no reconocen a su Hijo Jesucristo como su Señor y salvador. Serán tiempos de mucha angustia, confusión y dolor para quienes se queden en este mundo. Esto sucederá antes de su segunda venida, antes de la gran tribulación; porque Dios no quiere que su iglesia viva o pase por esos momentos en
los que la humanidad sufrirá una transformación de grandes proporciones y padecimientos. Dios ama tanto a sus hijos que a lo largo de la historia y en ocasiones similares a cuidado de los suyos, rescatándolos de grandes desastres de alguna manera.

Un ejemplo es el de Noé y su familia, cuando Dios los rescató en un arca del gran diluvio universal que se avecinaba. Otro caso es el de Lot, el sobrino de Abraham, y su familia, a quienes Dios rescató mediante dos de sus ángeles para que no perecieran cuando destruyera las ciudades de Sodoma y Gomorra. De igual manera sucedió con Rahab, la ramera, y su familia, quienes fueron rescatados de la destrucción de Jericó; después de reconocer al Dios de Israel. Y hoy, lo hará nuevamente con la Iglesia de Jesucristo. La biblia dice:

> *Por cuanto has guardado la palabra de mi paciencia, yo también **te guardaré de la hora de la prueba** que ha de venir **sobre el mundo entero**, para probar a los que moran sobre la tierra. Apocalipsis 3:10*

Algo muy claro con respecto al rapto es que en toda la biblia no existen Escrituras que nos den señal alguna de cuando sucederá; todas las señales que aparecen allí apuntan hacia la segunda venida del Señor, pero no al rapto. Sin embargo, la manera de estar preparados no es asunto de saber calcular la fecha, esto es algo imposible, y sería como pretender calcular la hora en que llegaría un ladrón a tu casa; lo que impulsa a todo creyente, entonces, es a estar siempre velando, preparado y viviendo "su vida en el temor de Dios".

Habrá sólo dos grupos: los preparados o salvos y los no preparados o perdidos. Esto se ilustra al contemplar escenas actuales de la vida cotidiana, donde la luz de Cristo en los salvos los separa de los demás. Aunque vivan en el mundo no pertenecen a él, y están preparados. Pero otros, aquellos que tienen su corazón en el mundo e inmersos en la mundanalidad que los rodea son los perdidos. Por lo tanto, vive el presente, pero hazlo con la eternidad en mente, ya que lo que hacemos en esta vida tendrá eco en la eternidad.

El rapto es parte de un misterio de Dios que será una manifestación gloriosa de su poder en el momento menos esperado, cuando muchos se encontrarán desprevenidos…

*en un momento, **en un abrir y cerrar de ojos**, a la final trompeta; porque se tocará la trompeta, y los muertos serán resucitados incorruptibles, y nosotros seremos transformados. 1 corintios 15:52*

Conforme a lo que nos enseñan las Escrituras, el rapto estará precedido por algunos sucesos, como:

1. Jesús vendrá a recogernos con un grito.
2. Se escuchará la voz de un arcángel.
3. La trompeta de Dios sonará.
4. Los que han dormido en Cristo resucitarán primero.
5. Los vivos en Cristo nos encontraremos con Él, en el aire.
6. Nuestros cuerpos serán glorificados. (transformados).

Para poder ascender a la presencia misma del Señor, obviamente no lo haremos ni podremos hacerlo con estos mismos cuerpos corruptibles, sino que serán diferentes, transformados en cuerpos celestiales. La biblia dice:

*Porque lo corruptible tiene que **revestirse de lo incorruptible**, y lo mortal, de inmortalidad. 1Corintios 15:53*

*Él **transformará nuestro cuerpo** miserable para que sea como su cuerpo glorioso, mediante el poder con que somete a sí mismo todas las cosas. Filipenses 3:21*

El rapto de la iglesia es el cumplimiento de ese misterio, que predijo el profeta cuando declaró: *"la muerte será sorbida en victoria"*; entonces se cumplirá aquella promesa y el Señor librará a su pueblo de la tumba. La voz angelical que se escuchará será la voz de mando de Jesús y la trompeta que se oirá, es "el medio" que Dios usará para despertar y levantar a aquellos que han muerto en Cristo. Al igual, será la forma de
llamar a los que, estando vivos en la tierra, permanecen en Cristo Jesús para encontrasen con él en el aire.

A continuación, encontrarás los eventos que la biblia describe y que ocurrirán posteriores al rapto de la iglesia; expuestos en el orden cronológico que acontecerán. Permite que el Espíritu Santo y la misma Palabra de Dios hablen a tu corazón y traigan mayor revelación a tu vida.

TRIBUNAL DE CRISTO

Jesucristo es el único fundamento sobre el cual debes "construir "tu vida espiritual. Los "materiales" que uses para edificar o construir sobre este fundamento la obra del Señor, pueden ser temporales o perdurables, dependiendo de lo que estés haciendo para Él. Llegará el día cuando tus obras y tus acciones serán reveladas y el fuego las probará, el cual confirmará qué "materiales" has utilizado. Algunas obras saldrán intactas y otras "chamuscadas", aunque tu salvación no esté comprometida ni en tela de juicio.

Pero la función y el don que Dios te ha dado para provecho de la iglesia se reflejarán en esas obras y serán totalmente desacreditados o aplaudidos, conforme a las actividades propias que realizaste con ellas. Esto sí afectará positivamente o negativamente la cantidad de galardones o coronas que recibirás.

> La Biblia dice: *Y si sobre este fundamento alguno edificare **oro, plata, piedras preciosas, madera, heno, hojarasca, la obra de cada uno se hará manifiesta**; porque el día la declarará, pues por el fuego será revelada; y la obra de cada uno cuál sea, el fuego la probará. Si permaneciere la obra de alguno que sobreedificó, recibirá **recompensa**. Si la obra de alguno se quemare, él sufrirá **pérdida**, si bien él mismo será salvo, aunque así como por fuego. 1 corintios 3:12-15*

> *Porque es necesario que todos nosotros comparezcamos ante el tribunal de Cristo, para que cada uno reciba **según lo que haya hecho mientras estaba en el cuerpo**, sea bueno o sea malo. 2 corintios 5:10.*

Por ello, es necesario que tengas cuidado al señalar a un creyente que ha venido perseverando en la fe y que, por alguna razón, ha fallado o se ha equivocado haciendo cosas que no corresponden al temor de

Dios ni a su Palabra. Es común que otros, de inmediato lo critiquen, ignorando que todos somos consiervos del mismo Señor y Dios, y que el único que tiene derecho a juzgarlo es Él. Pues, Él es quien lo fortalece, lo afirma, lo levanta y lo recompensa según le corresponda. No sabemos qué obra ha estado construyendo ni sobre que ha estado edificando y menos con que "materiales" … Dios se encargará de él.

> *Pero tú, ¿por qué juzgas a tu hermano? O tú también, ¿por qué menosprecias a tu hermano? Porque **todos compareceremos ante el tribunal de Cristo.** Romanos 14:10*

Por eso, durante tu estancia en este cuerpo, lo más importante es decidir buscar y agradar a Dios, sin importar en qué situación te encuentres. Porque ante el tribunal de Cristo, cada uno recibirá lo que le corresponde según haya hecho con su cuerpo mientras estuvo en él. Recuerda andamos por fe, no por vista.

Así es que… mientras el tribunal de Cristo se lleva a cabo en el cielo con todos los hijos de Dios, simultáneamente se inicia aquí en la tierra...

LA GRAN TRIBULACIÓN

Se levantará un altar al hombre de pecado (el anticristo) y se celebrarán ritos paganos sobre él, lo que se conocerá como la abominación desoladora. Pese a ello, en medio de esta apostasía, otros serán fieles hasta la muerte.

> La Biblia dice: *Y se levantarán de su parte tropas que profanarán el santuario y la fortaleza, y quitarán el continuo sacrificio, y **pondrán la abominación desoladora.***
> *Daniel 11:31*

Este será el primer acto que llevarán a cabo aquellos que no fueron arrebatados. Aunque quedarán algunos escogidos de Dios-144 mil judíos que se mantuvieron indecisos hasta que reconfirmaron sus

creencias al vivir y ver que los propósitos de Dios no fallan y que la iglesia de Jesucristo ya fue raptada.

Miguel, el mensajero angelical de Dios, promete a Daniel que esos creyentes del Señor serán protegidos de la embestida que las fuerzas de las tinieblas lanzarán contra ellos por ser los nuevos creyentes. Estos son los que habrán surgido después del rapto de la iglesia y que enfrentarán oposición y ataques únicos cargados de mucho odio; mantendrá su protección hasta la salvación preparada y revelada para esos 144 mil. Aparecerá el ángel Miguel justo cuando aquellos creyentes, no les quede mayores defensas. Esto no significa que serán librados del tiempo de angustia, sino que triunfarán de sus adversidades manteniendo su fe en Cristo. Estos 144 mil judíos, llevarán el evangelio a otras partes de la tierra, serán fieles a Dios, a pesar de la persecución, la vergüenza y el sufrimiento al hacerlo. Con todo, al final serán glorificados por Dios. Este es el mensaje de esperanza y consuelo que los fortalecerá.

> La Biblia dice: *En aquel tiempo se levantará Miguel, el gran príncipe que está de parte de los hijos de tu pueblo; y **será tiempo de angustia**, cual nunca fue desde que hubo gente hasta entonces; pero en aquel **tiempo será libertado tu pueblo**, todos los que se hallen escritos en el libro. Daniel 12:1-11*

Los estudiosos del libro de Daniel afirman que estos creyentes con libro en mano, entenderán el verdadero significado de los eventos que están pasando. Los malvados e incrédulos sólo conocerán confusión y perplejidad; estarán en la tierra viviendo horror, angustia, hambre y pestilencias, entre otras calamidades. Serán marcados con el número de la bestia, un chip del tamaño de un grano de arroz que les será implantado en la mano derecha o en medio de la frente. Este chip remplazará el hecho de cargar dinero en efectivo o dinero plástico; nadie podrá comprar ni vender nada si no los que tienen implantado ese chip; debido a que en ese chip estará depositada toda la información personal. Por tanto, no necesitarán cargar documentos; quien no lo posea incurrirá en un delito y por ende será perseguido (similar a alguien que en la actualidad no cuente con su documento que lo identifica). Esto sucederá mientras otros correrán de un lado para otro incrementando sus riquezas y su conocimiento.

Podemos ver cómo la antesala a todo esto comenzó con lo sucedido durante la pandemia del año 2.020 que hasta entonces parecía imposible, pero se hizo realidad. Experimentamos y vimos cómo Sí, se obligó a toda la población mundial a cumplir medidas como encerrase en sus casas, usar un tapabocas, y cómo, si no lo hacían, no podían comprar ni ser atendidos por nadie. La población mundial fue también obligada y presionada en muchos casos a vacunarse en repetidas ocasiones, comprar alimentos en cantidades limitadas y en determinados horarios. Desde esos días, comenzó a ser perseguida con mayor fuerza por medios masivos, cualquier persona que trate de difundir noticias e información en contra de las vacunas (lo puedes comprobar por YouTube), entre otras tantas cosas que continúan sucediendo en el planeta.

Mientras todo esto sucedía, vimos cómo gobiernos se pusieron y aún se ponen de acuerdo para imponer restricciones y controlar entradas o salidas de sus territorios. En fin… podemos evaluar claramente que no será difícil imponer el uso y porte de un chip. Considero que esto será hará de manera sutil al principio, ofreciendo muchos beneficios económicos para quienes lo adopten. En un principio, probablemente motivarán a la mayoría de los habitantes de la tierra, pero eventualmente, el uso del chip será obligatorio, incluso desde el nacimiento de un bebé deberán implantarlo para de esta forma reemplazar su identificación tradicional.

Como el fin de estos tiempos está cerca, ya se han comenzado a fabricar estos chips para diferentes usos, lo que representa una antesala de lo que está por suceder. Si desea conocer más al respecto, puedes investigar *"que es y cuáles son los usos actuales del verichip"*.

> La Biblia dice: *Y hacía que a todos, pequeños y grandes, ricos y pobres, libres y esclavos, se les pusiese una marca en la mano derecha, o en la frente; y que ninguno pudiese comprar ni vender, sino el que tuviese **la marca o el nombre de la***

bestia, o el número de su nombre. *Aquí hay sabiduría. El que tiene*
entendimiento, cuente el número de la bestia, pues es número
de hombre. Y su número es seiscientos sesenta y seis.
Apocalipsis 13:16-18

Otro acontecimiento que acompaña estos eventos se relaciona con lo descrito en el libro de Daniel, cuando este ve al varón vestido de lino fino, y como cuando alguien se encuentra en angustia, hace la pregunta: ¿Cuándo será el final de estas cosas...? La figura divina levanta ambas manos como indicando la solemnidad y confiabilidad de lo que va a decir. Se cree que el tiempo de la abominación desoladora y angustia durará aproximadamente tres años y medio, extendiéndose un mes y medio más. La expresión "un tiempo, tiempos y medio tiempo" expresan un período general y extenso y también indican que esos períodos son conocidos y limitados por Dios. El tiempo total que durará la gran tribulación será de siete años.

En los capítulos 7 al 18 de Apocalipsis, puedes leer, escudriñar y meditar sobre la furia destructora que simbolizan los sellos, las trompetas y las copas de ira, que representan la manifestación del juicio
de Dios y la revelación que los ángeles traen sobre los habitantes de la tierra. Esto es lo que el apóstol Juan describe en la visión que tuvo mientras permaneció preso en Patmos una isla del Mediterráneo. Pero mientras este caos y dolor se vive angustiosamente en la tierra, en el cielo se disfruta de una gran celebración que corresponden a...

LAS BODAS DEL CORDERO

Con gran gozo y alabanza, la iglesia anuncia la llegada de las bodas del Cordero, es como la señal de que el reino de salvación ha alcanzado su perfección, trayendo bendiciones sin límite para sus hijos. Es ahora tiempo de bodas, entre el Cordero y la iglesia, quien hoy es la novia de Cristo. Una iglesia vestida de lino fino, resplandeciente y limpia, que simboliza los actos justos de los santos, cuya santidad es dada por el don de Dios y hecha manifiesta por su gracia, a una novia ya preparada. En este clímax de las relaciones entre Cristo y su novia, su pueblo, donde la novia y los invitados son los mismos, participando unidos en una tan anhelada bienaventuranza.

> La Biblia dice: *Y oí como la voz de una gran multitud, como el estruendo de muchas aguas, y como la voz de grandes truenos, que decía: ¡Aleluya, porque el Señor nuestro Dios Todopoderoso reina! Gocémonos y alegrémonos y démosle gloria; porque **han llegado las bodas del Cordero, y su esposa** se ha preparado. Y a ella se le ha concedido que se vista de lino fino, limpio y resplandeciente; porque el lino fino es las acciones justas de los santos. Y el ángel me dijo: Escribe: Bienaventurados los que son llamados a **la cena de las bodas del Cordero**. Y me dijo: Estas son palabras verdaderas de Dios. Apocalipsis 19:6-9.*

Acto seguido, la iglesia se prepara para…

LA SEGUNDA VENIDA DE CRISTO

Este será un nuevo acontecimiento trascendental en el planeta tierra. Para la raza humana existente en ese momento, será algo inmensamente grande y maravilloso; que causará una experiencia de gran gozo y llena de esperanza para unos, y para otros nuevamente una situación de angustia y vergüenza. Contemplarán asombrados cómo se abre el cielo y aparece un imponente caballo blanco, con un jinete llamado Fiel y Verdadero, que es la manifestación de Jesús el Todopoderoso y conquistador, "mariscal" de los ejércitos celestiales. Él viene a dominar a los rebeldes de la tierra, dirigidos por los poderes del infierno. Los ojos de aquel jinete que son como una llama de fuego y que señala juicio; aparecerán con muchas diademas reflejando su posición como "Rey de reyes y Señor de señores". Viene con su vestidura teñida en sangre y un nombre escrito que nadie conoce sino él mismo, lo que con ello testifica de quien es él. Los ejércitos en el cielo que lo siguen son los hijos de Dios que lo rodean, incluidos nosotros los santos que venimos de estar con él en las Bodas del Cordero. Vendrá con una espada de dos filos para herir a las naciones y pisará el lagar del vino del furor de la ira del Dios Todopoderoso. Se presentará primero como soldado y luego como granjero que asegura su "cosecha de uvas".

La Biblia dice: *Entonces aparecerá la señal del Hijo del Hombre en el cielo; y entonces lamentarán todas las tribús de la tierra, y **verán al Hijo del Hombre viniendo sobre las nubes** del cielo, con poder y gran gloria. Mateo 24:30*

Mientras tanto, la bestia y sus aliados se reúnen para hacer la guerra contra el que estaba montado sobre el caballo y contra su ejército. Jesucristo peleará por los hijos de Dios, pero no habrá tal batalla, pues Él mismo, ¡esgrimirá por nosotros sus hijos la espada de su boca y la bestia será arrojada al abismo! Esta es una escena de juicio por medio del poder de la palabra de Dios. No podemos estar completamente seguros del significado de los detalles de este cuadro, pero sí podemos estar seguros de una realidad dominante: la victoria total de Jesucristo sobre todos los que se oponen a Él y persisten en su rebelión.

La Biblia dice: *Entonces vi el cielo abierto; y he aquí **un caballo blanco, y el que lo montaba se llamaba Fiel y Verdadero**, y con justicia juzga y pelea. Sus ojos eran como llama de fuego, y había en su cabeza muchas diademas; y tenía un nombre escrito que ninguno conocía sino él mismo. Estaba vestido de una ropa teñida en sangre; y su nombre es: EL VERBO DE DIOS. Y los ejércitos celestiales, vestidos de lino finísimo, blanco y limpio, le seguían en caballos blancos. De su boca sale una espada aguda, para herir con ella a las naciones, y él las regirá con vara de hierro; y él pisa el lagar del vino del furor y de la ira del Dios Todopoderoso. Y en su vestidura y en su muslo tiene escrito este nombre: REY DE REYES Y SEÑOR DE SEÑORES. Apocalipsis 19:11-16*

Luego, la bestia, que satanás utilizaba como uno de sus esfuerzos diabólicos contra la venida de nuestro Señor Jesucristo, será apresada junto con el falso profeta que se prestaba en los planes del diablo para engañar a la gente. Ambos serán lanzados a un lago espantoso que arde con fuego y con azufre.

La Biblia dice: *Y la bestia fue apresada, y con ella el falso profeta que había hecho delante de ella las señales con las* *cuales había engañado **a los que recibieron la marca de la bestia**, y habían adorado su imagen. Estos dos fueron lanzados*

vivos dentro de un lago de fuego que arde con azufre. Y los demás fueron muertos con la espada que salía de la boca del

que montaba el caballo, y todas las aves se saciaron de las carnes de ellos. Apocalipsis 19:20-21

E inicia inmediatamente en la tierra...

LA BATALLA DEL ARMAGEDÓN

El capítulo16 del Apocalipsis, hace referencia a la sexta copa que derrama el ángel, es la copa preparada para la invasión de los reyes de la tierra. Estos se someten a las órdenes de las huestes del anticristo, saquean la ciudad de la ramera y hacen guerra contra el Cordero de Dios. Ellos son impulsados para llevar a cabo estas cosas por tres espíritus inmundos semejantes a ranas, que salen de las bocas del dragón y el falso profeta. Su misión es persuadir a los gobernantes del mundo para que se unan en una gran batalla final contra Dios, en el lugar que se llama en hebreo Armagedón; esta es una transliteración al griego Har-Megiddo, que significa "los actuales montes de Meguido". Si bien la ciudad está ubicada en la llanura de Esdraelón en Israel, cercana al norte del monte Carmelo. Tradicionalmente, este lugar es considerado apocalíptico y se partirá por la mitad formando un inmenso valle, que será el escenario de está tremenda e impresionante batalla; donde nuevamente nuestro Señor Jesucristo es glorificado.

Todos estos acontecimientos culminarán en el establecimiento del reino de Dios en la tierra, donde de nuevo el Señor pelea contra los gobernantes de este mundo venciéndolos en aquella batalla.

La Biblia dice: *Después saldrá Jehová y peleará con aquellas naciones, como peleó en el día de la batalla. Y se afirmarán sus pies en aquel día sobre el monte de los Olivos, que está en frente de Jerusalén al oriente; y **el monte de los Olivos se partirá por en medio**, hacia el oriente y hacia el occidente,*

***haciendo un valle muy grande**; y la mitad del monte se apartará hacia el norte, y la otra mitad hacia el sur.*
Zacarías 14:3-4

Entonces inicia luego...

EL JUICIO DE LAS NACIONES

El Hijo del Hombre, Jesucristo, entronizado en gloria, estará juzgando a todas las naciones. En este juicio ya no se tratará propiamente de individuos como tal, sino específicamente naciones y países. Como parte de una manifestación final de la majestad y autoridad real de nuestro Señor Jesucristo, las naciones serán separadas; al lado derecho los hijos de Dios (las ovejas) y al izquierdo quienes lo rechazaron (los cabritos). Estos últimos se habrán intentado hacer pasar por hijos de Dios, permaneciendo en medio de las ovejas, pero intentándoles hacer daño, juzgándolo todo, siendo hipócritas y generando malestar entre los congregados. Incluso sirviendo a sus propios intereses, buscaban sencillamente ser vistos o competir con otros. Son individuos que aunque estuvieron de cuerpo presente en la congregación de los justos, su corazón estaba completamente apartado de Dios.

La siguiente es una profecía escrita que continúa vislumbrando el apóstol Juan en la isla de Patmos, y hace alusión en varias oportunidades al momento en que serán reunidas delante de Jesucristo, todas las naciones para juicio dónde Dios será el juez.

> La Biblia dice: *Cuando el Hijo del Hombre venga en su gloria, y todos los santos ángeles con él, entonces se sentará en su trono de gloria, y **serán reunidas delante de él todas las naciones;** y apartará los unos de los otros, como aparta el pastor las ovejas de los cabritos. Y pondrá **las ovejas** a su derecha, **y los cabritos** a su izquierda. Entonces el Rey dirá a los de su derecha: Venid, benditos de mi Padre, heredad el reino preparado para vosotros desde la fundación del mundo.*
> *Mateo 25:31-34*

Luego, este será el nuevo paso que lo precederá....

EL MILENIO

A lo largo de la historia de la Iglesia, el cristianismo ha debatido sobre el significado del reino de mil años o reino milenial, anunciado en el libro profético por excelencia, el Apocalipsis. Es un periodo durante el cual un ángel del Señor ata al diablo por mil años, con el propósito de mantenerlo impedido de engañar a las naciones; mientras los santos del

Altísimo, los mártires, predicadores y quienes confesaron a Cristo durante la gran tribulación, pero que no permitieron que se les implantará la marca de la bestia (o chip) en su mano o en su frente, resucitarán para reinar en autoridad junto a Jesucristo.

Al final de cuyo período el diablo será soltado nuevamente y recuperará la capacidad de engañar a las naciones. Reunirá mediante engaño, a Gog y a Magog (Apocalipsis 20:8) para la guerra contra la ciudad amada de Dios, la nueva Jerusalén. No obstante, serán vencidos definitivamente por Dios, consumiéndolos con fuego del cielo al descender con gran poder. Posteriormente, el diablo será arrojado a ese lago de fuego que arde con azufre donde estará junto con la bestia y el falso profeta. Allí permanecerán por la eternidad.

Permitamos a continuación que sean las mismas Escrituras sagradas que nos relaten con mayores detalles estos acontecimientos:

*La Biblia dice: Vi a un ángel que descendía del cielo, con la llave del abismo, y una gran cadena en la mano. Y prendió al dragón, la serpiente antigua, que es el diablo y Satanás, y **lo ató por mil años**; y lo arrojó al abismo, y lo encerró, y puso su sello sobre él, para que no engañase más a las naciones, hasta que fuesen cumplidos mil años; y después de esto debe ser desatado por un poco de tiempo. Y vi tronos, y se sentaron sobre ellos los que recibieron facultad de juzgar; **y vi las almas de los decapitados** por causa del testimonio de Jesús y por la palabra de Dios, los que no habían adorado a la bestia ni a su* *imagen, y que no recibieron la marca en sus frentes ni en sus manos; y vivieron y reinaron con Cristo mil años. Pero los otros muertos no volvieron a vivir hasta que se cumplieron mil años. Esta es la primera resurrección. Bienaventurado y santo el que tiene parte en la primera resurrección; la segunda muerte no tiene potestad sobre éstos, sino que serán sacerdotes de Dios y de Cristo, y reinarán con él mil años. **Cuando los mil años se cumplan, Satanás será suelto** de su prisión, y saldrá a engañar a las naciones que están en los cuatro ángulos de la tierra, a Gog y a Magog, a fin de reunirlos para la batalla; el número de los cuales es como la arena del mar. Y subieron*

sobre la anchura de la tierra, y rodearon el campamento de los santos y la ciudad amada; y de Dios descendió fuego del cielo,

*y los consumió. Y el **diablo que los engañaba** fue lanzado en el*

lago de fuego y azufre, donde estaban la bestia y el falso profeta; y serán atormentados día y noche por los siglos de los siglos. Apocalipsis 20:1-10.

Posteriormente continúa...

EL JUICIO DEL GRAN TRONO BLANCO

La humanidad va a presenciar unida, el cumplimiento de una visión terrible en la que estarán todos aquellos que no aceptaron y rechazaron a Cristo como su Señor y salvador, que nunca nacieron de nuevo ni se acercaron a él. Este será aquel lugar donde todos **los muertos** espirituales, han sido apartados completamente de Dios, pues Dios es un Dios de vivos no de muertos. Los muertos grandes y pequeños, adinerados y pobres, estarán puestos de pie porque su orgullo "no les permite" postrarse ante su creador, ni ante el gran trono blanco; donde todos ellos serán convocados al trascendental juicio final, donde serán juzgados por sus obras.

Muchos de los que comparezcan a este juicio podrían intentar justificarse haciendo alarde de todas sus obras y de todo lo que dieron o regalaron mientras estaban en la tierra, pero será algo infructuoso y no lo podrán lograr ya que el juicio no se basa únicamente en las obras, sino en la fe en Jesucristo. Las obras deben ser el resultado de la fe en Él.

Y se abrirán dos libros: uno donde deberían aparecer escritos sus nombres desde el día en que recibieron a Jesús en su corazón, y otro libro donde se registran todas sus obras hechas como resultado de su fe. Es decir, el juicio se efectúa de acuerdo con dos criterios: por el testimonio del libro de la vida y por el testimonio del libro de sus vidas, pero lo más importante es que el testimonio conjunto de ambos libros debe concordar. Si bien es algo que no sucederá en este juicio; en cambio se dará un veredicto que, junto con la muerte y el hades, será el de ser lanzados al lago de fuego. Esta circunstancia muestra el último

destino de los enemigos de Dios y la morada donde permanecerán con el diablo, sus demonios, la bestia y el falso profeta. Es como la alternativa ofrecida a la ciudad de Dios para aquellos que la rechazaron. Podemos estar seguros de que en el juicio del gran trono blanco prevalecen la gracia, la justicia y la verdad, que estarán realmente tan unidas como lo fueron en la cruz de Cristo.

Esto forma parte de un juicio justo y transparente donde se dará a conocer claramente a cada uno la causa de su condena.

> La Biblia dice: *Y vi un gran trono blanco y al que estaba sentado en él, de delante del cual huyeron la tierra y el cielo, y ningún lugar se encontró para ellos. Y **vi a los muertos**, grandes*
> *y pequeños, de pie ante Dios; y los libros fueron abiertos, y otro libro fue abierto, el cual es el libro de la vida; y **fueron juzgados los muertos** por las cosas que estaban escritas en los libros, según sus obras. Y el mar entregó **los muertos** que había en él; y la muerte y el Hades entregaron **los muertos** que había en ellos; y fueron juzgados cada uno según sus*

*obras. Y **la muerte** y el Hades fueron lanzados al lago de fuego. Esta es **la muerte** segunda. Y el que no se halló inscrito en el libro de la vida fue lanzado al lago de fuego. Apocalipsis 20:11-15*

Muchos posiblemente estarán preguntando: ¿Y qué pasa con todo lo que hice, lo que di, lo que ayudé y lo que regalé allí en la tierra? creyendo que con sus acciones o donaciones solamente era suficiente para estar en el cielo ante la presencia de Dios por siempre; pero…

La Biblia dice: *Sin embargo, al reconocer que **nadie es justificado por las obras** que demanda la ley, sino por la fe en Jesucristo, también nosotros hemos puesto nuestra fe en Cristo Jesús, para ser justificados por la fe en él y **no por las obras** de la ley; porque por estas **nadie** será justificado. Gálatas 2:16*

Como lo mencioné anteriormente, las obras que hacemos, deben ser el resultado de la fe en Jesucristo, quien justifica y no Jesucristo el resultado de las obras. Eso sería como pretender comprar la salvación y desconocer la obra salvífica de nuestro Señor, hecha en la cruz del

calvario. Ninguno de nosotros cuenta con lo suficiente para pagar por nuestra alma.

Por último, será instaurada la nueva creación, con...

NUEVOS CIELOS Y NUEVA TIERRA

El desarrollo de las acciones de Dios con la humanidad llega a su clímax con una nueva creación, en la que Él y su pueblo moran juntos, donde su amor, presencia y gloria se manifiestan a plenitud, es el lugar donde se cumple todo lo que significa Emanuel "Dios con nosotros". Una comunión que comenzó con la resurrección de Jesús el Cristo y que ahora es experimentada en su magnitud plena por todos los creyentes en una nueva tierra, que con Jesucristo mismo como el Alfa y la Omega; garantiza la verdad de su revelación.

Aquella revelación, que ahora ha cubierto con su promesa final a todo aquel que ha vencido, permitiéndole recibir como herencia las bendiciones de la nueva y maravillosa ciudad Santa; una ciudad que desciende con gran esplendor y maravilla inimaginable del cielo, con una apariencia comparada a hermosísimas piedras preciosas. Donde en ella, el trono de Dios y del Cordero, contienen la fuente del río de agua de vida, en la que ya no habrá maldición, ni llanto, ni preocupación, ni enfermedad, ni noche, sino que, Él "reinará a nuestro lado por los siglos de los siglos".

La Biblia dice: *Después vi un **cielo nuevo y una tierra nueva**, porque el primer cielo y la primera tierra habían dejado de existir, lo mismo que el mar. Vi además la ciudad santa, la nueva Jerusalén, que bajaba del cielo, procedente de Dios, preparada como una novia hermosamente vestida para su prometido. Oí una potente voz que provenía del trono y decía: «¡Aquí, entre los seres humanos, está la morada de Dios! Él acampará en medio de ellos, y ellos serán su pueblo; **Dios mismo estará con ellos y será su Dios**. Él les enjugará toda lágrima de los ojos. Ya no habrá muerte, ni llanto, ni lamento ni dolor, porque las primeras cosas han dejado de existir». El que estaba sentado en el trono dijo: «¡Yo hago nuevas todas*

las cosas!» Y añadió: «Escribe, porque estas palabras son verdaderas y dignas de confianza». También me dijo: «Ya todo
*está hecho. Yo soy el Alfa y la Omega, el Principio y el Fin. Al que tenga sed le daré a beber gratuitamente de la fuente del agua de la vida. **El que salga vencedor heredará todo esto**, y yo seré su Dios y él será mi hijo. Apocalipsis 21:1-7.*

Jesús dijo:
Les aseguro que mientras existan
el cielo y la tierra, ni una letra ni una tilde
de la ley desaparecerán hasta que todo se
haya cumplido. Mateo 5:18

CAPITULO VI

EL PODER CREATIVO DEL VERBO

*En el principio era **el Verbo**, y **el Verbo** era con Dios, y **el Verbo** era Dios. Este era en el principio con Dios. Todas las cosas por él fueron hechas, y **sin él nada** de lo que ha sido hecho, fue hecho. Juan 1:1-3*

Observa cómo todas las cosas fueron hechas en el principio por el Verbo, la poderosa Palabra que salía de su boca, el mismo Verbo que **decía y decía** en Génesis y todo iba siendo hecho; decía palabras como:

- *Y **dijo Dios**: Sea la luz; y fue la luz. Génesis 1:3 a*

- *Luego **dijo Dios**: Haya expansión en medio de las aguas Génesis 1:6 a*

- ***Dijo también Dios**: Júntense las aguas que están debajo de los cielos en un lugar Génesis 1:9 a*

Y así continúa Dios, el Verbo diciendo y diciendo hasta terminar toda la creación; pero algo sorprendente y maravilloso sucede cuando el Señor declara en: *Génesis 1: 27a ...Entonces **dijo Dios**: Hagamos al hombre a nuestra imagen, conforme a nuestra semejanza...*

Es decir, entre otras cosas que al ser creados a su imagen, usando la fe y diciendo, declarando, aquí en la tierra, para que lo que digamos también suceda. El mismo Verbo Creador, luego ya encarnado en la persona de Jesús, nos enseña cómo podemos confiar en Dios e igualmente hablar con la certeza de que será hecho...

> *Porque de cierto os digo que cualquiera que **dijere** a este monte: Quítate y échate en el mar, y no dudare en su corazón, sino creyere que será hecho **lo que dice**, **lo que diga** le será hecho. Marcos 11:23*

Y posteriormente el apóstol Pablo, inspirado por el Espíritu Santo y teniendo presente lo que ya está escrito, nos dice:

> *Pero teniendo el mismo espíritu de fe, conforme **a lo que está escrito**: Creí, **por lo cual hablé**, nosotros también creemos, por lo cual **también hablamos**. 2corintios 4:13*

¿Y qué debes hablar? lo que eres en Cristo Jesús, lo que crees y lo que está en su Palabra escrita. No se trata de repetir y repetir como loritos tratando de forzar tu mente a que reaccione a un estímulo o algo similar; No, es que esas palabras en las que has tenido la revelación del Espíritu, salgan desde tu corazón donde fueron sembradas, por tu boca, declarándolas como las verdades, las promesas y todo lo que Dios te ha dado y eres ahora en Cristo Jesús.

Las siguientes promesas, son extraídas de las Sagradas Escrituras, están dispuestas para que las declares en primera persona, confesándolas en voz audible no solo para tu propia vida, sino para tu familia y todos aquellos que Dios ponga en tu corazón. Permite que se conviertan en una revelación, "parándote firme" en ellas haciéndolas y actuando conforme a lo que ellas te dicen. Jesús dijo:

Cualquiera, pues, que me oye estas palabras, y las hace, le comparararé a un hombre prudente, que edificó su casa sobre la roca. Mateo 7:24

Al reconocer y declarar las siguientes promesas como tuyas, te a líneas con la Palabra de Dios, realizas un acto de fe que te ayudará a tener conciencia de quién eres en Cristo y lo que Él ha hecho por ti.

DECLÁRA TU POSICIÓN EN CRISTO

- ➢ Soy bautizado en Cristo, de Cristo estoy revestido.
- ➢ Dios me mantiene firme y me ungió en Él.

- ➢ Dios me ha bendecido con toda bendición espiritual.

- ➢ Me hizo sentar con él en las regiones celestiales.

- ➢ Cristo me ha sido hecho sabiduría, justificación, santificación y redención gratuitamente.

- ➢ Ya no hay ninguna condenación para los que estamos unidos a Él.

- ➢ Soy libre de la ley del pecado y de la muerte.

- ➢ Soy una nueva criatura, e hijo de Dios por la fe en Cristo Jesús.

- ➢ Soy hechura de Dios, creado en Cristo Jesús para buenas obras.

- ➢ En Cristo he vuelto a vivir, Por gracia soy salvo.

- ➢ Gracias a Cristo y a mi fe en él, puedo entrar en la presencia de Dios con toda libertad y confianza.

- ➢ Dios me lleva siempre en triunfo en Cristo Jesús, y por medio mío manifiesta en todo lugar el olor de su conocimiento.

- ➢ Soy luz en el Señor; y ando como hijo de luz, embajador en Cristo, marcado con el sello que es el Espíritu Santo prometido.

➢ He sido crucificado con Cristo, y ya no vivo yo, sino que Cristo vive en mí. Lo que ahora vivo en el cuerpo, lo vivo por la fe en él.

➢ Ahora pertenezco al que fue levantado de entre los muertos, a Cristo Jesús.

➢ Mi vida está escondida con Cristo en Dios.

➢ Mi Dios me proveerá de todo lo que necesito, conforme a las gloriosas riquezas que tengo en Cristo Jesús.

➢ El Señor bendice todo el trabajo de mis manos.

➢ El que no escatimó ni a su propio Hijo, sino que lo entregó por mí, ¿cómo no habrá de darme generosamente, junto con él, todas las cosas?

➢ Dios me da la semilla que siembro y el pan que me alimenta, así que también me dará a mi todo lo necesario, y hará que tenga cada vez más, para que pueda ayudar a otros.

➢ Dios me capacita en todo lo bueno para hacer su voluntad.

➢ Por medio de Jesucristo, Dios cumple en mí lo que le agrada.

➢ Mi vida brilla como la luz de la mañana y va siendo más y más brillante, hasta que alcanza todo su esplendor.

➢ En medio de todos mis problemas, estoy seguro de que Jesucristo, quien me ama, me dará la victoria total.

➢ Todo lo que yo prohíba en la tierra será prohibido en el cielo, y todo lo que yo permita en la tierra será permitido en el cielo.

➢ Mi Señor me ha puesto por cabeza, y no por cola; y estaré encima solamente, y no estaré debajo.

➢ Cristo me da fuerzas para enfrentarme a toda clase de situaciones.

➤ Él cargó con mis enfermedades y soportó mis dolores. El castigo de mí paz fue sobre él, y por su llaga fui curado.

➤ Por medio de él, formo ahora parte de esa morada donde Dios vive mediante su Espíritu.

➤ Me he acercado al monte de Sion, a la ciudad del Dios vivo, Jerusalén la celestial, a la compañía de muchos millares de ángeles, a la congregación de los primogénitos que están inscritos en los cielos.

Por lo demás, hermanos, todo lo que es verdadero, todo lo honesto, todo lo justo, todo lo puro, todo lo amable, todo lo que es de buen nombre; si hay virtud alguna, si algo digno de alabanza, en esto

***P**ensad.*

Filipenses 4:8

RENUEVA TU MENTE

Creciendo y manteniéndola sujeta y unida a la fuente que da la vida, y mejor aún si te alimentas de la palabra de Dios los 365 días del año.

VISITA AL AUTOR O SOLICITA OTRO DE SUS LIBROS EN:
www.autoreseditores.com/carlos.alberto2

SUSCRÍBETE A NUESTRO CANAL DE YOUTUBE:
rayosdesabiduría@reflexiones

O ESCRIBENOS A:
libroscristocentricos@gmail.com

Bogotá – Colombia

rayosdesabiduríaoficial